古代美術史研究

五 編

第 11 冊

東周手書書體研究（上）

鄭禮勳 著

花木蘭文化事業有限公司

國家圖書館出版品預行編目資料

東周手書書體研究（上）／鄭禮勳 著 -- 初版 -- 新北市：花
木蘭文化事業有限公司，2023〔民112〕
序2+ 目12+184 面；19×26 公分
（古代美術史研究　五編；第11 冊）
ISBN 978-986-518-038-6（精裝）
1. 書體 2.周代
618   109000483

ISBN-978-986-518-038-6

9 789865 180386

古代美術史研究
五　編　第十一冊　　　　ISBN：978-986-518-038-6

東周手書書體研究（上）

作　　者　鄭禮勳
總 編 輯　杜潔祥
副總編輯　楊嘉樂
編輯主任　許郁翎
編　　輯　張雅淋、潘玟靜　美術編輯　陳逸婷
出　　版　花木蘭文化事業有限公司
發 行 人　高小娟
聯絡地址　235 新北市中和區中安街七二號十三樓
　　　　　電話：02-2923-1455 ／傳真：02-2923-1452
網　　址　http://www.huamulan.tw 信箱 service@huamulans.com
印　　刷　普羅文化出版廣告事業
初　　版　2023 年 3 月
定　　價　五編21 冊（精裝）新台幣 75,000 元　　　版權所有‧請勿翻印

東周手書書體研究（上）

鄭禮勳　著

作者簡介

鄭禮勳，彰化師大國文系博士班畢。曾任彰化師大國文系兼任講師，研究方向為古文字學、
書法、史傳文學。

研究、教學之餘，喜好書法創作。作品曾獲中央美展、新莊美展、桃源美展、苗栗美展、
大墩美展、台中美展、中部美展、磺溪美展、玉山美展、國軍文藝金像獎、青溪美展
書法類首獎；全省美展第三名；台灣區國語文競賽、教育部交通安全全國書法比賽、
全國春聯書法比賽、金鴻獎、觀音杯、至聖杯、國泰杯等全國書法比賽第一名。

著作：

論文：《楚帛書文字研究》，（嘉義：國立中正大學中文研究所碩士論文，2007 年 6 月）。

專書：《古典詩歌任我行》（三民書局）、《論孟分類解密》（三民書局）

會議或期刊論文：

〈侯馬盟書文字與古隸比較及其用筆研究〉，（彰化：國立彰化師範大學國文學系，《國文
經緯》第十二期論文，2016 年 4 月）。

〈郭店竹簡的用筆、結構及章法特徵〉，（臺中：靜宜大學，《第二十四屆中國文字學國際學
術研討會論文》，2013 年 5 月 3 日）。

〈楚帛書文字形構的演化與文字風格特徵〉，（臺中：靜宜大學，《第九次中區文字學座談會
論文》，2007 年 6 月 2 日）。

〈馬王堆〈戰國縱橫家書〉文字研究〉，（嘉義：國立中正大學中文所《第四屆碩班論文期
刊》，2006 年 1 月）。

提　　要

本論文之研究目的，在於對東周以來至秦漢之際的手書墨跡作一全面性的介紹、分析、考察，
期能對古文字之手書墨跡有所瞭解，探查東周時的文化，進而反映出中國先秦古文明，奠定研究
漢字發展史的良好基礎。

本論文共分六章：

第一章「緒論」，說明研究動機與目的、前人研究成果探討、研究材料概述及採用的研究
方法。

第二章「秦漢以前的文字書寫概述」，概述史前至秦漢之際六個階段的書寫發展，以闡明
東周手書在文字發展上的關鍵地位。

第三章「秦系簡牘的書寫」，說明秦手書文字的沿革，近年秦簡牘的出土概況，最後對
秦系書風作分析。

第四章「楚系簡帛的書寫」，說明楚系手書文字的沿革，近年楚簡帛的出土概況，並分析
楚系書風。

第五章「晉系盟書的書寫」，介紹晉系手書文字的概況，晉系盟書的出土，並分析晉系書風。

第六章「結論」，說明東周手書書體的價值，以及東周手書書體對文字演變的啟示。

弁　言

　　筆者自幼對書法有興趣濃厚，習書甚勤。高中時親炙於衡陽李子訒先生。先生循循善誘，其學融詩、書、文於一爐。指導臨習五代徐鉉重刻之李斯小篆〈繹山碑〉，前後臨摹約百餘遍，是接觸古文字之始，亦矢志報考中文系。大學修業期間修習文字學，雖僅粗具基礎，然已開啓古文字研究之窗。

　　將文字學與書法學結合起來進行研究，於文字書法學領域進行探索。兼具特色、價值和研究前景，但也遭逢一些問題困擾：一方面認為，文字學字體規律與書法學書體藝術，距離頗大，兩者絕不相等；另一方面又認為，字體演變即書寫變革，書寫研究角度與視野與書法研究重疊，勢不可免。為了體現二者差別，應避免書學闡釋方法。但又無他方，所以不斷地借用，再不斷做出拓清和界定。

　　其後接觸漢字字體學，甚感興趣。漢字字體學是指不同時代、不同用途（鼎彝、碑版、書冊、信箚等）、不同書寫工具（筆、刀等）、不同書寫方法（筆寫、刀刻、範鑄等）、不同地區所形成的漢字書寫的大類別和總風格。漢字字體在今文字階段有正規字體和變異字體之分。一般稱隸書、楷書為正規字體，稱行書、草書為變異字體。變異字體的結構是對正規字體結構有系統地變異，因此，它們的構形系統依附正規字體而存在。研究漢字字體風格特徵和演變規律，探討變異字體——行書和草書結構的變異規律，是漢字字體學的任務。當然這樣的邏輯同樣也適用於先秦文字中正體與俗體上。

　　目前學術界對於漢字形體發展演化之研究，較之前代，似乎有漸趨熱絡之勢。惟平日閱當代學人探討有關漢字由篆到隸的形體演變問題，其解析深中肯綮，令人擊節者，固然不少。但也經常發現，其結論雖正確，卻缺乏進

一步令人信服的推導與論證；或有推論，卻語焉不詳；或者其所推論之演化過程並不真確，甚至還不免有鄰於玄想臆測的現象。揆其原由，對於相關資料未能作歷史性發展的全面觀照考察，固然是原因之一；更加關鍵的因素，或與其對毛筆書寫時，筆鋒之運動方式與筆畫姿勢之間的因果對應關係，缺乏真切的認識與體悟不無關係。思索再三遂以「東周手書書體研究」為題，進行相關的研究。

在研究及論文撰寫期間，時遇瓶頸、困惑及資料不足，幸賴　黃師靜吟、張師清泉惠借書籍、指點迷津、循循善誘、殷勤督導，並訓練獨立思考，終於得以順利完成。師恩浩蕩，永難忘懷。

也感謝周虎林、許學仁、陳欽忠、蘇建洲諸位教授，於百忙中撥冗惠予指正及提供許多寶貴建議，使得論文更為完善。

最後，要感謝本系師長時時予以提攜關懷、深切鼓勵，謹致上最深的謝意。

鄭禮勳　謹誌於八卦山麓白沙湖畔

2016 年 6 月 29 日

目

次

下　冊

圖目錄

第一章　緒　論

第一節　研究動機與目的

一、研究動機

　　自二十世紀以來，由於考古的興盛，發掘出不少的甲骨文、金文、盟書、簡牘和帛書，這些是目前所見數量最多、時代較早的漢字文獻。這些文字或由鑄刻、或由手寫，兩者的研究發展並不一致。鑄刻的文字，通常用於與鬼神溝通及傳世之用，如貞卜吉凶、鑄作器銘，大部分的甲骨文、金文屬之；手寫的文字，則用於傳抄書籍、盟約的訂定或陪葬典籍的抄寫，則盟書、簡牘和帛書屬之。

　　秦漢以前的文字遺跡材料不斷出土，使得今人對文字有了全新的認識和解讀。在過去很長一段時間裡，銘刻是研究古文字和書法的主要材料。歷來對秦漢以前書法史的研究，也著重在金石刻款這類書寫材料中。

　　近代戰國文字的研究，先是由王國維的「東西二土文字」說發軔，繼有唐蘭的六國系文字與秦系文字「兩分法」，最後定於李學勤的「五系說」。

　　王國維列舉大量的戰國文字與《說文》古文、石經古文形體相合的例證，得出兵器、陶器、璽印貨幣「四種文字自為一系，又與昔人所傳壁中書為一系」的結論，指出「戰國時秦用籀文，六國用古文」。[註1]

　　唐蘭觀察到戰國時代東方六國通行的文字，與西周晚期和春秋時代的正

〔註1〕　王國維：〈戰國時秦用籀文六國用古文說〉，《觀堂集林》卷七。見王國維：《海
　　　　　寧王靜安先生遺書》第一冊，（臺北：商務印書館，1976年），頁293。

體文字，已有顯著的差異。而戰國時的秦國文字，卻將西周晚期和春秋時代的正體文字繼承了下來。所以他稱秦國的春秋、戰國文字與秦統一後的小篆為「秦系文字」。而除了秦系外，其他東方各國的戰國文字，則為「六國文字」。〔註2〕

　　李學勤搜集傳世和出土的金、石、貨、璽、簡、帛等戰國文字資料，按地域把戰國文字分為「齊國題銘」、「燕國題銘」、「三晉題銘」、「楚國題銘」和「秦國題銘」等五個範疇。〔註3〕比起前述二人的二分法，又前進了一大步。

　　上述三人，都是在蒐集了相當程度的資料，加以比對歸納才得出結果。這也暗示著後人，只要藉著大量文字資料的整理分析，多少會有前人未有的發現。因此，無論是甲骨學、金石學，抑或簡帛學，剛開始的研究均著重在文字的考定，圖版的集拓，漸漸延伸至斷代、文化、制度各方面的討論。而出土越來越多的手寫性文字材料，除了文字文獻的考訂訓詁之外，也為文字書寫層面提供了寶貴的研究素材。

　　學術工作總是「前修未密，後出轉精」，在前賢大儒的耕耘之下，許多迷團撥雲見日，奠定了後代學者研究的根基。雖然甲骨學、金石學與簡帛學在當代依舊蓬勃發展，但學者們也漸漸察覺到在文字書寫方面的探討尚嫌不足。換言之，秦漢以前文字的書寫研究，仍是一片廣袤樸拙的田野，正有待於學者們的播種。

　　文字在傳播上有較正式的官方文字，及日常生活中使用的手書文字。手書文字目的在求便捷，與通行在廟堂或用於公告的官方文字有所不同，猶如現代電腦上所用的文字，不同於日常生活中所書寫的文字一樣。文字是記錄的工具，其時代、地域特徵至為明顯，只要掌握文字特色，對於斷代或各地書風的判斷均有助益。

　　筆者習書多年，揮運不輟，行草篆隸，均略有所涉。對於書風的呈現與書寫線質的探析，均有濃厚的興趣。是以不揣譾陋撰文論述，以「東周手書書體研究」為題，期待在文字學及書法領域中，能有一些收穫。

〔註2〕 唐蘭：《古文字學導論》上編，（濟南：齊魯書社，1981 年），頁 1。

〔註3〕 李學勤：〈戰國題銘概述〉（上），《文物》1959 年第 7 期，頁 50～54。〈戰國題銘概述〉（中），《文物》1959 年第 8 期，頁 60～63。〈戰國題銘概述〉（下），《文物》1959 年第 9 期，頁 58～61。最近李學勤又將吳越文字從五系中分出，自成一系，成為「六系說」。詳見《珍秦齋藏金：吳越三晉篇》及《吳越題銘研究》二書的序文。

二、研究目的

　　目前出土的簡帛所書寫的時間，多半是戰國中晚期至西漢初年之間。在這不到兩百年的時間中，文字字形產生巨大的變化。學術思想的傳播、政經事務的繁雜是前所未有的。加上書寫的載體不一，書寫後造成的效果也不同，勢必也影響文字的構形與線質。

　　書法是中國傳統的藝術文化，雖然書法藝術的臻於成熟自覺化須至東漢末才形成，但書法藝術的開始當與漢字的萌生同時。近年一些學者對先秦的書法發展皆進行過相關的論述，但他們多半是著眼於先秦書法史中的某一個具有代表性的方面，或對某一種文字書寫進行具體論述，較少有系統、全面、詳盡地論述過秦漢以前文字的發展進程。況且遲至東漢末方有書法藝術的自覺，故筆者認為先秦的文字書寫還不能等同於東漢末以後「書法」一詞。

　　筆者以「東周手書書體研究」為題，乃結合古文字學與文字形構學、書法的知識，嘗試以書寫的角度分析秦漢以前手書文字的特色，比較同時期手書文字的異同，也探討書寫工具、書寫載體對文字構形與線質的影響，並試著詮釋其間的關係。

　　現階段能收集到的東周手書文字材料，以秦系簡牘、楚系簡帛為大宗，另有部分晉系盟書朱墨文字。至於齊系、燕系則尚未有手書墨跡出現，這也是目前本文在撰寫時無法克服的部分，也僅能就秦、楚、晉三系的手書文字來討論。本文在撰寫時，為了對比書寫與鑄刻之間的差異，得用刻款金文等為輔助材料。通過相互論證，對秦漢以前書寫進行考察，說明東周文字在官體與俗體之間，為因應手寫所作的調整，而這個調整在整個文字風格的演變中，產生了什麼影響。本文也會對東周時期書寫工具及形制進行考察，探討對書風的影響，試圖勾勒一個較為清晰的東周手書書體的原貌，以期彌補先秦文字書寫研究之不足。

第二節　前人研究成果探討

　　二十世紀以來先秦文物出土不斷，學者前仆後繼地研究，故本世紀前期考古研究呈欣欣向榮的景象。然而自 1949 年海峽兩岸分治，政治的因素導致學術的研究成果難以互通，而形成兩岸隔閡各自研究的情況。所幸近年兩岸學術互動頻繁，學術自由已非昔日可比；加上網際網路的開通，研究成果往

往可以在第一時間發佈。二十一世紀起，大陸出版事業發達，印刷品質逐步提昇，照相技術進步，影像資料進入了數位化時代，所見之發掘報告照片不僅清晰，宛若第一手資料，還可以在電腦上進行放大、綴合、對比，更將簡帛研究推向顯學的地位。

　　本節將以 1949 年為界，將戰國文字研究先畫分為兩期。而本論文的撰寫採用 1949 年以後的文獻較多，將分大陸與臺灣兩部分，就其重要的專書、期刊及學位論文，作一介紹。

一、1949 年以前

　　這一時期對戰國文字的研究更加廣泛深入。不僅對新出土的器物進行了考釋，而且對以前出土的戰國文字資料又重新進行了探討，如王國維、唐蘭、劉節、容庚、郭沫若、徐中舒、胡先煒等人都有不可抹滅的成績。1942 年，在湖南長沙古墓出土了〈楚帛書〉，這是罕見的戰國帛書材料，蔡季襄對這些材料進行了系統的研究，著成〈晚周繪書考釋〉一文。

　　這一時期對戰國文字研究成績最顯著的當推王國維。他在〈戰國時秦用籀文六國用古文說〉一文中，把「古文」定為戰國時期東方六國的文字。「古文」自漢代出土後，從古文經師起人們一直認為這種文字是遠古時代的文字。王國維將《說文》古文與《石經》古文相比較，得出了「兵器、陶器、印璽、貨幣四種文字為一系，又與昔人所傳壁中書為一系」的結論。這一研究成果界定了「古文」的正確年代，為戰國文字的研究提供了重要的參照依據。

二、1949 年之後

　　戰國文字資料的大量發現和把戰國文字的研究推進到一個新階段的時期是在 1949 年以後。

　　1949 年以後出土的戰國文字資料數量之多，內容之豐富，超過了歷史上任何一個時期。除了銅器、貨幣、璽印、陶文外，還發現了大量的竹簡和盟書。這些資料的出土地也很多，除了戰國所有主要國家的故地外，還有一些小國家的故地。以下就大陸和臺灣兩方面來論述，為行文方便，不屬臺灣的研究，就在大陸方面來一併介紹。

（一）大陸方面的研究

　　關於長沙子彈庫的戰國〈楚帛書〉，1949 年以後的研究從未停止，兩岸三

地都有研究，其中著名的學者有臺灣嚴一萍、金祥恒、香港饒宗頤、大陸陳邦懷、曾憲通、李零等。1972 年澳大利亞學者巴納公佈了帛書的紅外線照片，使許多原先看不清的字得以確認。

五十年代末李學勤發表了〈戰國題銘概述〉〔註 4〕一文，這是一篇系統研究戰國文字的綜述性文章。文中按地域把戰國文字分爲「齊國題銘」、「燕國題銘」、「三晉題銘」、「楚國題銘」和「秦國題銘」五個大類，在介紹這些題銘時特別指出了其地域特徵。

朱德熙、裘錫圭等人則在戰國文字的考釋方面作出了突出的貢獻。尤其值得指出的是，1949 年以後在新出土銅器的研究方面所取得的成就是巨大的，例如經過郭沫若、李學勤、陳夢家、史樹青、孫百朋、唐蘭、于省吾、裘錫圭等人長期對蔡侯墓銅器群年代的討論，現在已基本可以確定爲春秋晚期的蔡侯齠（申）之器。又如〈鄂君啓車節〉和〈舟節〉的內容涉及到楚文字和楚地理等諸多領域，殷滌非、羅長銘、譚其驤、商承祚、于省吾、黃盛璋、朱德熙等學者對之進行了詳細的考證，現銘文基本上可以讀通。另外，張政烺、朱德熙、裘錫圭、李零、于豪亮等學者對中山王墓銅器的考釋，裘錫圭、李家浩等學者對曾侯乙墓樂器的銘文和樂理方面的研究，以及黃盛璋等人對戰國銅器銘文中的兵器銘文、銘刻款式、文字特點、職官制度、鑄造地點的探討均取得了可喜的成績。

1955 年群聯出版社出版了史樹青的專著《長沙仰天湖楚簡研究》、〔註 5〕1957 年上海出版社出版了饒宗頤的專著《戰國楚簡箋證》，〔註 6〕專門論述了《仰天湖楚簡》的內容和性質。

七十年代以後，不少學者對戰國文字進行了分國、斷代和綜合研究。李學勤的《東周與秦代文明》〔註 7〕率先垂範。其後劉彬徽、李零、黃錫全對楚系銅器，王輝、陳平對秦系銅器，曹錦炎、施謝捷對吳、越銅器分別作了系統的研究。

〔註 4〕李學勤：〈戰國題銘概述〉（上），《文物》1959 年第七期，頁 50～54。李學勤：〈戰國題銘概述〉（中），《文物》1959 年第八期，頁 60～63。李學勤：〈戰國題銘概述〉（下），《文物》1959 年第九期，頁 58～61。
〔註 5〕史樹青：《長沙仰天湖出土楚簡研究》，（上海：群聯出版社，1955 年 6 月）。
〔註 6〕饒宗頤《戰國楚簡箋證》，見徐亮之編輯：《金匱論古綜合刊》第一期（《選堂集林》之一），（香港：亞洲石印局，1955 年）。
〔註 7〕李學勤：《東周與秦代文明》，（上海：上海人民出版社，2007 年 11 月）。

八十年代末何琳儀的《戰國文字通論》，系統介紹了戰國文字的特點，討論到五系文字的地域特徵，並闡釋了戰國文字的形體演變規律和釋讀方法。在分域概述中，逐一闡述各系的特別構形，並於字例後，歸納不同載體的構形，用以說明同一構形特徵，流通於單一域系之內。此書原爲手抄，於 2003年重新排版，除訂正錯誤外，又補入最新研究資料，充實不少內容。於原書名後加「訂補」二字，以茲區別。〔註8〕

九十年代末何琳儀又有《戰國古文字典：戰國文字聲系》，〔註9〕以聲韻關係排例，有別於以往字書以《說文》五百四十部爲序的慣例，何氏的用意是要強調字在聲音上的聯系。內容以五系區分，收錄大量戰國文字資料，部分字例略加構形分析，有的兼具五系特徵的論述，明確可取。唯此書字例囿於當時影像處理尚未普及而手摹，難免失眞。然未損此書在戰國文字研究中的重要性。

常德夕陽坡楚簡該墓的發掘簡報尚未發表，竹簡的內容最早刊布在 1987年《求索》雜誌增刊《楚史與楚文化研究》一書中，由楊啓乾撰寫的〈常德市德山夕陽坡二號楚墓竹簡初探〉一文作了介紹和考釋。〔註10〕1998 年 10 月，湖南省博物館研究員劉彬徽在四川「紀念徐中舒先生誕辰百年暨國際漢語古文字學研討會」上宣讀了〈常德夕陽坡楚簡考釋〉〔註11〕一文，對簡文做了進一步的研究和探討，並對楊文進行了補充和訂正。

關於戰國簡書的研究，近年來已形成熱潮。史樹青、羅福頤、李學勤、饒宗頤、朱德熙、裘錫圭、李家浩、劉雨、郭若愚等學者對《仰天湖楚簡》、《信陽楚簡》進行了研究。劉彬徽、劉信芳、曾憲通、張光裕、陳偉等人對包山簡進行了研究。其中陳偉的《包山楚簡初探》〔註12〕是一部全面研究包山簡的專著。此外，李學勤、于豪亮、高敏、劉信芳、胡平生等人還分別對《雲夢秦簡》和《龍崗秦簡》進行了研究，中華書局已出版了《雲夢秦簡研

〔註 8〕 何琳儀：《戰國文字通論》（訂補），（南京：江蘇教育出版社，2003 年 1 月）。

〔註 9〕 何琳儀：《戰國古文字典：戰國文字聲系》（上）（下），（北京：中華書局，1998年 9 月）。

〔註10〕 楊啓乾：〈常德市夕陽坡二號楚墓竹簡初探〉，見《楚史與楚文化研究》（《求是》雜誌增刊），1987 年。

〔註11〕 劉彬徽：〈常德夕陽坡楚簡考釋〉，發表於四川「紀念徐中舒先生誕辰百年暨國際漢語古文字學研討會」，1998 年。亦收錄於劉彬徽：《早期文明與楚文化研究》，（長沙：岳麓書社出版，2001 年）。

〔註12〕 陳偉：《包山楚簡初探》，（武昌：武漢大學出版社，1996 年）。

究》〔註13〕一書。1991 年文物出版社又單獨出版了《包山楚簡》〔註14〕一書，更加詳細地介紹了《包山楚簡》的出土情況，竹簡形制，發表了全部竹簡的照片和釋文，並對其文字、內容進行了考釋。

1998 年 5 月，文物出版社正式出版了由荊州市博物館編寫的《郭店楚墓竹簡》〔註15〕一書，對該墓出土的竹簡內容作了全面詳實的報導，並附有竹簡的照片、釋文以及對竹簡內容的考釋。

1994 年上海博物館從香港文物市場及骨董商手中購得的戰國楚簡，在館長馬承源的主持下，自 2001 年 11 月由上海古籍出版社發行了第一冊的《戰國楚竹書》〔註16〕後，迄今已發行了九冊。是目前整理、發行最快的出土文物。因此也引起了學者關注，發表了大量的論文，當時相關論文大都集結在《上博館藏戰國楚竹書研究》、《上博館藏戰國楚竹書研究續編》二書之中。時至今日，出版似乎已趕不上發表的速度，在復旦大學出土文獻中心（簡稱「復旦網」）、武漢大學簡帛研究中心（簡稱「簡帛網」）的網頁中，亦有大量最新的單篇研究論文，讀者可作最即時的反饋。

2008 年 7 月由清華大學校友捐贈給母校收藏的一批竹簡，是謂「清華簡」。此簡被鑒定為戰國中期偏晚的重要文物記載為《尚書》的部分內容，以及周武王時期的樂詩。在 2010 年發行第一冊。〔註17〕竹簡目前尚在整理研究中，已出版專書《清華大學藏戰國竹簡》到第八冊。清華大學為此還成立了清華大學出土文獻研究與保護中心，並承諾資助相關學者。

（二）臺灣方面的研究

臺灣關於戰國文字的專書較少，具代性的多半是學位論文，以下就較有影響的論文，依發表順序作一簡單的介紹。

林素清《戰國文字研究》〔註18〕，是從「簡化現象」、「繁飾與美化」、「合文符的運用」論論五系文字的構形。作者援引不同的域系、不同書寫載體的

〔註13〕中華書局編輯部：《雲夢秦簡研究》，（北京：中華書局，1981 年）。
〔註14〕湖北省荊沙鐵路考古隊：《包山楚簡》，（北京：文物出版社，1991 年）。
〔註15〕荊州市博物館編：《郭店楚墓竹簡》，（北京：文物出版社，1998 年 5 月）。
〔註16〕馬承源：《上海博物館藏戰國楚竹書》（壹），（上海：上海古籍出版社，2001 年 11 月）。
〔註17〕清華大學出土文獻研究與保護中心編：《清華大學藏戰國竹簡》（壹），（上海：中西書局，2010 年 12 月）。
〔註18〕林素清：《戰國文字研究》，（臺北：國立臺灣大學中國文學研究所，博士論文，1984 年）。

材料,展示戰國文字構形的變化,論證清楚而全面。特別是將構形演變結合地域作分析,相當可取。

許學仁《戰國文字分域與斷代研究》〔註 19〕,以官璽文字爲中心,同時引簡牘、銅器、帛書材料來分析。而研究文字結體的部分,則從楚、齊、燕、晉四系來闡述構形特徵。除一系之構形論述外,亦有各系文字的比較,尤其是比較各系不同載體上的字形,從橫向去了解地域特徵,比對各系構形的異同,甚具價值。

游國慶《戰國古璽文字研究》〔註20〕,以戰國時代璽印爲主要研究材料,此作從戰國璽印的普遍觀察,列舉字例比較,以呈現構形的特徵。從簡化、繁化、異化、同化與特殊符號幾個方面,歸納文字的變形現象。於變形分析外,作者還以戰國璽印爲中心,從其他載體文字如銅器、陶器、貨幣等文字中,找出字形相同或相近的字例,以突顯齊、燕、晉、楚四系文字的特徵。

謝映蘋《曾侯乙墓鐘銘與竹簡文字研究》〔註21〕,從「整體風格」與「個別字形」兩個面向,來分析曾侯乙墓鐘銘與竹簡文字。作者透過字例分析歸納出曾侯乙墓鐘銘文字的六項特點,即字體呈現頎長詰詘的風格、增添橫畫、增添圓點或圓圈、增「音」部偏旁、偏旁位置互換、上層鈕鐘銘文所顯現扁平而草率的寫法。而竹簡文字有承繼商周古文的結構、有些文字結構已近隸書、偏旁位置的變化等三個特點。

黃靜吟師《楚金文研究》〔註 22〕,在楚金文的斷代與分期一節中,總共收錄了楚國銅器計 142 組,資料頗爲豐富。黃師在處理這些資料時,共分出土、銘文與說明三項來分析,很有條理。另外黃師此書在圖檔的處理上非常用心,在當時古文字字例多半還是以摹寫爲主流的環境下,可謂空前。

林清源師《楚國文字構形演變研究》〔註23〕,以分析楚系文字構形爲主,從「簡化」、「繁化」與「變異」等方面切入。林師在文中適當地引用商周文

〔註19〕 許學仁:《戰國文字分域與斷代研究》,(臺北:國立臺灣師範大學國文研究所,博士論文,1986 年)。

〔註20〕 游國慶:《戰國古璽文字研究》,(中壢:國立中央大學中國文學研究所,碩士論文,1991 年)。

〔註21〕 謝映蘋:《曾侯乙墓鐘銘與竹簡文字研究》,(高雄:國立中山大學中國文學研究所,碩士論文,1994 年)。

〔註22〕 黃靜吟師:《楚金文研究》,(高雄:國立中山大學中國文學研究所,博士論文,1996 年)。

〔註23〕 林清源師:《楚國文字構形演變研究》,(臺中:東海大學中國文學研究所,博士論文,1996 年)。

字、《說文》小篆等材料，梳理文字構形，集中論述楚文字的不同構形，分析清楚扼要。

洪燕梅《秦金文研究》〔註24〕，以秦金文爲研究對象。文中討論構形引用甲骨文、兩周金文字例，透過對比從簡化、繁化與變易三方面，整理秦系金文的構形變化。此作還以秦金文爲中心，援引其他四系金文，從飾筆、部件來探討文字間的異同。然囿於研究材料，文中飾筆與部件的對比字例，僅有十四項；其中燕系構形的字例多半從缺，是其不足之處。

陳立《戰國文字構形研究》〔註25〕，文中字例五系並陳，對戰國文字的構形分析較爲全面。從「增繁」、「省減」、「異化」等方面，探討戰國文字的形變。字例雖是依系劃分，但注重對五系文字的總體性分析。作者引商周文字來對照，以見五系文字的演變。綜論戰國文字是以形變爲主，未刻意突顯不同系域的差異。透過縱向與橫向的對比，了解構形上的變異，分析亦確切。

蘇建洲師《楚文字論集》〔註26〕，此書收錄蘇師近年發表於兩岸三地的期刊學報、學術會議及網站上的文章，其中首次發表的也有三分之一以上。論文內容以楚文字考釋爲主軸，並以此成果來討論相關出土材料的難題。此書對新出的古文字字形與學者的考釋意見蒐集相當完整，很能掌握楚文字的問題關鍵。

戰國文字的發現和研究始於二千多年前的西漢，在當時是一門十分發達的學科，然而到了近代，戰國文字卻成了古文字學科中發展最緩慢的一部分。然1949年以來，由於出土資料巨增，戰國文字的研究又重新崛起，並成爲古文字學中的一個重要分支。戰國文字種類繁多，有待深入研究的問題還很多，只有運用科學的研究方法，認眞總結以往的研究經驗，全面整理已發現的各種資料，才能使這一學科得到進一步的發展。

第三節 研究材料概述

東周手書文字包含了少量的手寫甲骨文、盟書、簡牘以及帛書等。除手

〔註24〕洪燕梅：《秦金文研究》，（臺北：國立政治大學中國文學系，博士論文，1998年）。
〔註25〕陳立：《戰國文字構形研究》，（臺北：國立臺灣大學中國文學研究所，博士論文，2004年。）
〔註26〕蘇建洲師：《楚文字論集》，（臺北：萬卷樓圖書股份有限公司，2011年）。

寫甲骨文不予討論外，以下就簡帛、盟書文字略作介紹。

在紙發明以前，人們長期以簡和帛作為書寫材料。簡即竹簡，另外還有木簡，又稱牘或觚。所有竹木簡上的文字都用墨筆書寫，然後用繩子編聯起來。帛書則是把字寫在絲織的帛上。

推估以簡牘、帛書為書寫載體的時間，最晚至少也在商朝。然而迄今出土的竹簡中，最早的僅在春秋戰國之際。這是因為簡帛容易腐爛難以保存，所以到今天還能看到的大多是戰國以後的材料。

一、二十世紀以前的整理

戰國文字的最早發現和出土是在兩千多年前的西漢。漢代廢除了秦的「挾書之律」，廣開獻書之路。一些未被焚毀的典籍如《孝經》、《左傳》、《周禮》、《尚書》、《論語》等典籍從地下、牆壁中被發現，或從民間獻出。這些古籍是用戰國時期東方諸國的文字寫成的，與漢代的隸書迥然不同，這種文字被稱為「古文」。一些學者對古文進行了研究。其中貢獻最大的學者當首推《說文解字》的作者許慎。許慎著《說文》「敘篆文，合以古籀」〔註27〕，保留了九千多個小篆，約 700 個古文、籀文，並對每個字從形音義三個方面進行了訓釋，其中有關古籀的形體分析，對今日研究戰國文字仍有重要的參考價值。

到了三國時期的魏正始年間，朝廷把《尚書》、《春秋》、《左傳》三種經書刻在石碑上，每個字都同時用小篆、古文、隸書三種字體書刻，稱作魏《正始石經》或《三體石經》、《三字石經》等。

石經中的古文與《說文》中的古文十分接近，應是同一系統的文字，其共同的來源是「六國古文」。石經古文不是出於一人之手，據後人研究，出於邯鄲淳的後學，因此邯鄲淳可說是魏初的古文傳佈者。

西晉武帝咸寧五年（西元 279 年），河南汲縣盜墓賊掘開戰國魏王古墓，從中發現竹簡 75 篇，包括《周易》、《紀年》、《穆天子傳》等，皆為古文。到了太康二年（西元 281 年），政府詔令當時一些著名學者整理這批竹簡，荀勗、和嶠、衛恆、束皙、續咸等皆參與其事。其中衛恆著成《古文官書》一書，續咸著有《汲塚古文釋》一書，遺憾的是這些著作都未留傳下來。

〔註27〕 （漢）許慎撰、（清）段玉裁注：《說文解字注》，（臺北：洪葉文化事業股份有限公司，1991 年，影印清嘉慶二十年經韻樓刊本），頁 771。

　　隋開皇二年（西元 582 年），長安發現刻有秦始皇二十六年和秦二世元年統一度量衡詔書的兩個詔權。二十六年詔書中有「丞相狀」一語，顏之推《顏氏家訓‧書證》據以糾正了《史記‧秦本紀》「丞相隗林」一語的錯誤。

　　唐代時傅奕根據北齊發現的古文《老子》，對通行本老子《道德經》進行了校訂。

　　北宋初年，郭忠恕根據傳抄古文材料，編成《汗簡》一書。其後夏竦據郭書增補部分材料，編成《古文四聲韻》一書。這兩部書對釋讀戰國古文具有非常重要的參考價值。

二、二十世紀以後的整理

　　二十世紀以後，考古工作進入了新紀元，出土的質量，遠非昔日可比。爲敘述方便，分簡牘、帛書及盟書來介紹，所討論的出土資料則依本文第一章第二節所列篇目之次序分別敘述。

（一）簡　牘

　　簡牘雖然被視爲一個名詞，但簡與牘在材質方面還是有差異。簡是將竹子截筒、剖片製成。許慎在《說文解字‧竹部》中說：「簡，牒也，从竹閒聲。」〔註28〕段玉裁注曰：「按：簡，竹爲之。」〔註29〕所以通稱「竹簡」。而牘係鋸木削片而成。《說文解字‧片部》謂：「牘，書版也，从片賣聲。」〔註30〕《說文解字》釋「片」，則稱「判木也，从半木。」〔註31〕，段玉裁在同書〈竹部〉注云：「按：簡，竹爲之；牘，木爲之。」〔註32〕所以木質的書寫材料稱牘。綜合而言之，簡牘之名，是由竹簡和木牘合併簡省而來。目前出土的簡牘，多爲楚系與秦系。

（二）帛　書

　　《楚帛書》，或稱「楚繒書」〔註33〕、「楚絹書」〔註34〕，它是目前爲止，

〔註28〕（漢）許慎撰、（清）段玉裁注：《說文解字注》，頁 192。

〔註29〕（漢）許慎撰、（清）段玉裁注：《說文解字注》，頁 192。

〔註30〕（漢）許慎撰、（清）段玉裁注：《說文解字注》，頁 321。

〔註31〕（漢）許慎撰、（清）段玉裁注：《說文解字注》，頁 321。

〔註32〕（漢）許慎撰、（清）段玉裁注：《說文解字注》，頁 192。

〔註33〕稱「楚繒書」者有：蔡季襄《晚周繒書考證》、饒宗頤〈楚繒書疏證〉、陳槃〈楚繒書疏證跋〉、董作賓〈論長沙出土之繒書〉、安志敏陳公柔〈長沙戰國繒書及其有關問題〉、金祥恆〈楚繒書「鼂虘」解〉、唐健垣〈楚繒書文字拾遺〉、高明〈楚繒書研究〉等。

最早寫在絹帛上的墨書文字。1942 年因盜掘而在湖南長沙東郊杜家坡附近之子彈庫出土。該墓爲一座具有墓道之長方形墓穴，墓室東側有一木棺，其西側爲一與棺同長而倍寬之邊箱，邊箱中貯放了不少明器。另有頭箱一個，帛書即放置其中。帛書約 38.1 厘米，橫 45.7 厘米。中間爲互倒的兩段文字，其外圍有十二段文字及十二神像環繞於周圍四方。據蔡季襄《晚周繒書考證》所言「書用竹笈貯藏，折疊端正」〔註 35〕，原作八折，因埋藏在地底，經久呈深褐色，致文字不甚清晰。加上帛質碎，折痕處文字殘泐甚多。出土後歸蔡季襄，蔡氏爲作《晚周繒書考證》一書，原物於 1946 年在上海爲美人柯克思攜至美國，迄今未歸。

　　帛書自年 1942 出土迄今，已歷 78 年，是目前發現最早的絹帛墨書文字。

（三）盟　書

　　「盟書」亦稱「載書」，是春秋、戰國時期諸侯或卿大夫訂立盟誓時寫在簡冊、玉片或石片上的盟辭。訂立盟誓時，先在簡冊、玉片或石片上用毛筆寫上盟辭，盟誓完畢後將盟書埋在地下或沉於河中。埋入地下者，其儀式是在地上挖一個方形的坑，這種坑叫坎，然後在坎上殺牲。牲多用牛或豬，大夫也用雞或犬。殺牲時由盟主割牲耳，取其血盛於玉器。盟主先用口含血，其他與盟者依次含血。接著宣讀盟書昭告神靈。宣讀完盟書後，將盟書加于牲上一同埋入坎中。盟書一般一式兩份，其副本藏於盟府。

　　在河南沁陽和山西侯馬先後發現了數批春秋戰國之際的盟書。

　　爲了敘述方便，在後面各章才會對每批出土文獻的內容加以介紹。現將目前出土的東周手寫文獻，按先依文字分系，後依出土時間排序，並標上類別、出土省分、內容，茲表列如下：

表 1-3-1　東周手書文字細目

分系	類別	出土省分	名　　稱	內容	數量	出土年代
楚系	帛書	湖南	長沙子彈庫帛書	具陰陽數術性質的楚月令	完整帛書一件、帛書殘片若干	1942
	簡牘	湖南	長沙五里牌楚簡	遣策	竹簡 38 枚	1951

〔註34〕稱「楚絹書」者，如李學勤〈戰國題銘概述〉（下）。
〔註35〕蔡季襄：《晚周繒書考證》，（臺北：藝文印書館，1944 年 8 月），頁 1。

			長沙仰天湖楚簡	遣策	竹簡 43 枚	1953
			長沙楊家灣楚簡		竹簡 72 枚	1954
		河南	信陽長臺關楚簡	談話語錄、遣策	竹簡 148 枚	1957
		湖北	江陵望山楚簡	遣策、卜筮記錄	竹簡 273 枚	1965
			江陵藤店楚簡		竹簡 24 枚	1973
			隨縣曾侯乙墓簡	遣策	竹簡 240 餘枚	1977
			江陵天星觀楚簡	遣策、卜筮記錄	竹簡 70 餘枚	1978
		湖南	臨澧九里楚簡	遣策	數 10 枚	1980
		湖北	江陵九店楚簡	日書、季子女訓	竹簡 252 枚	1981
		湖南	常德德山夕陽坡楚簡	詔書	竹簡 2 枚	1983
		湖北	荊門包山楚簡	文書、遣策、卜筮記錄	竹簡 448 枚（有字簡 278 枚）	1986
			江陵秦家嘴楚簡	遣策、卜筮記錄	竹簡 41 枚	1986
		湖南	慈利石板村楚簡	古書	竹簡 800-1000 枚（無整簡）	1987
		湖北	江陵磚瓦廠楚簡	司法文書	竹簡 6 枚（殘簡）	1992
			荊門郭店楚簡	古籍	竹簡 800 餘枚（有字簡 703）	1993
		河南	新蔡葛陵楚簡	遣策、卜筮記錄	竹簡 1500 餘枚	1994
		不詳	上海博物館藏戰國楚竹書	古籍	第一批竹簡 1200 餘枚（含殘簡），第二批竹簡 497 枚	約 1994
			清華大學藏戰國竹簡	古籍	竹簡 2388 枚（殘片 14 枚）	約 2006
秦系	簡牘	湖北	雲夢睡虎地秦簡牘	編年記、秦律、日書	竹簡 1155 枚（殘片 80 枚）、木牘 2 枚	1975
		四川	青川郝家坪木牘	田律	木牘 2 枚	1979
		甘肅	天水放馬灘秦簡牘	日書二種、墓主記	竹簡 461 枚	1986
		湖北	江陵岳山秦牘	日書	木牘 2 枚	1986
			雲夢龍崗秦簡	法律內容（木牘）、法律文書摘抄	木牘 1 枚，竹簡 303 枚（殘片 10 枚）	1989
			江陵揚家山秦簡	遣策	竹簡 75 枚	1990

			江陵王家臺秦簡	效律、日書、易占	竹簡 800 餘枚	1993
			荊州周家臺秦簡	曆譜、日書、病方及其它	木牘 1 枚，竹簡 381 枚	1993
		湖南	龍山里耶秦簡牘	政府文書檔案	竹簡 36000 餘枚	2002
		不詳	嶽麓書院秦簡	算術、曆譜、律令、日書、占夢書、為史箴言等	第一批 2098 個編號(較完整者 1300 餘枚)，第二批 76 個編號(較完整者 30 餘枚)，計 2174 個編號	不詳
晉系	盟書	河南	沁陽玉簡	盟誓	玉石片 11 枚	1942
		山西	侯馬盟書	盟誓	玉石片 5000 餘枚	1965
		河南	溫縣盟書	盟誓	玉石片 4588 枚	1980

第四節　研究範圍與方法

一、研究範圍

　　本文以上述的「前人研究成果」與「研究材料」為基礎，來確立研究範圍。本文所謂的手書文字，不論其載體為何，只要為手書墨跡均列入討論。先秦的手書文字，有少數手寫甲骨文、盟書、簡牘以及帛書等。由於手寫甲骨文的數量實在太少，且距離戰國時代太過遙遠，無法顯示對戰國文字的影響，所以本文暫不討論。而其餘的文獻如盟書、簡牘、帛書等墨書文字，及曾侯乙墓出土的漆衣箱、鐘架等漆書文字，目前所見都屬東周時期，這也是本文將研究時代限定於春秋末至秦漢之際以前的原因。

（一）時代背景略述

　　本文研究的對象為秦漢以前的手書文字。西元前 770 年周王朝自鎬京，即今之西安，東遷至洛邑，即今洛陽。歷史上稱東遷以後的周王朝為東周（前 770 年～前 256 年），之前國都在鎬京的時期則稱為西周。周幽王死後，先前被廢的太子宜臼被諸侯擁立為王，即周平王。在他即位第二年，見鎬京被戰火破壞，又受到外族犬戎騷擾，便遷都雒邑，史稱「東周」，以別在此以前的西周。

　　東周的前半期，諸侯爭相稱霸，持續了二百多年，稱為「春秋時代」（西元前 770 年～西元前 476 年）。周平王東遷以後，管轄範圍大減，形同一個小

國，加上有弑父之嫌，在諸侯中的威望已大不如前。面對諸侯之間互相攻伐和兼併，邊境的外族又乘機入侵，天子不能擔負共主的責任，經常要向一些強大的諸侯求助。在這情況下，強大的諸侯便自居霸主，齊桓公、宋襄公、晉文公、秦穆公、楚莊王相繼稱霸，史稱「春秋五霸」。政治上中原諸侯對四夷侵擾則以「尊王攘夷」口號團結自衛，在文字上已初步脫離周王朝掌控，這個時期周天子在政治上已無法像西周時對各國作出約束，這樣的情形也反映在各國的文字上。

　　東周的另一個時期即「戰國時代」〔註36〕（西元前 475 年～西元前 221 年），春秋時代周王的勢力減弱，到了戰國時期群雄紛起，主要的強國有韓、趙、魏、楚、燕、齊、秦等七國。這一時期各國混戰不休，在文字上各國也別具特色，一般以分域的方式分類為齊系、燕系、晉系、楚系、秦系等五系。〔註37〕

（二）名詞解釋

　　對於本論文在寫作時所使用的部分名詞，為了釐清模糊的空間，有必要在此處說明，以免爭議。

1. 東　周

　　東周（前 770 年至前 255 年），是歷史上對國都東遷以後的周朝的稱呼。東周的前半，諸侯爭相稱霸，持續了二百多年，稱為「春秋時代」；東周的後半，周天子地位漸失，亦持續了二百多年，稱為「戰國時代」。但文字的演變非一朝一夕，本文研究的時間範圍，也不宜以歷史上的朝代作截然的劃分。為掌握隸變的階段，實際上會使用到秦統一前後及西漢初的材料。只是時間上大部分屬東周，故逕以東周稱之。

2. 書　體

　　文字書寫的體式，書體是由於漢字的出現，隨著字體的發展變化，最後從字體中分離出來，獨立成義並逐漸豐富的具有各自獨特面目和獨特風格的

〔註36〕戰國的開始年代，大體有四種說法：一、宋呂祖謙以為起於魯哀公十四年（西元前 481 年）；二、漢司馬遷以為起於周元王元年（西元前 475 年）；三、清林春溥以為起於周貞王元年（西元前 468 年）；四、司馬光以為起於周威烈王承認三家分晉之年（西元前 403 年）。這裡採司馬遷之說。詳見楊寬：《戰國史》，（上海：上海人民出版社，1991 年 11 月），頁 3～4。

〔註37〕何琳儀：《戰國文字通論》，（北京：中華書局，1989 年 4 月），頁 77～183。

漢字書寫體系〔註38〕。「書體」二字，始見西晉衛恆〈四體書勢〉，云：「漢興而有草書，不知作者姓名。至章帝時，齊相杜度號善作篇。後有崔瑗、崔寔，亦皆稱工，杜氏殺字甚安，而書體微瘦。〔註39〕」而近代解釋書體則有兩義：一指「文字的體類」，文字的體類有其時空意義，如篆書、隸書。二是書法家書體：指「文字的體勢」，而文字的體勢往往是書家風格特色所在。而本文的採第二義。

3. 手書書體

本論文所謂的手書書體，東周至西漢初的墨跡，其載體大多爲簡牘，少部分是帛書、玉片或其他。

二、研究方法

漢字的形體變化，每個字的情況不盡相同。不少學者從自己的經驗中總結出一套方法論。唐蘭在《古文字學導論》中對於「怎樣去認識古文字」提出了五項條目，從「怎樣辨明古文字的形體」開始，相繼列舉出「對照法」、「推勘法」、「偏旁的分析」和「歷史的考證」〔註40〕等。楊樹達在〈新識字之由來〉中將考釋文字的方法歸納爲十四個條目，內容如下：

> 一曰據《說文》釋字，二曰據甲文釋字，三曰據甲文定偏旁釋字，四曰據銘文釋字，五曰據形體釋字，六曰據文義釋字，七曰據古禮俗釋字，八曰義近形旁任作，九曰音近聲旁任作，十曰古文形繁，十一曰古文形簡，十二曰古文象形會意字加聲旁，十三曰古文位置與篆書不同，十四曰二字形近混用云。〔註41〕

唐、楊二人的意見、條目或不相同，但基本內容大同小異，都是將過去及現在文字學家所用的方法，做了較全面性的整理，對分析字形、考釋字義有很大的幫助。所以本文的研究也將採取上述的方法，以下將本書的研究方法，簡單地介紹：

〔註38〕周俊杰、唐讓之等編著：《書法知識千題》，（臺北：博遠出版有限公司，1993年9月），頁387。

〔註39〕衛恆：〈四體書勢〉，見（唐）房玄齡、諸遂良等奉敕：《晉書》，（臺北：藝文印書館，1962年），頁748。

〔註40〕唐蘭：《古文字學導論》，（臺北：洪氏出版社，1978年），頁162～265。

〔註41〕楊樹達：《積微居金文說》（增訂本），（北京：科學出版社，1959年），頁1～16。

（一）形體分析法

由於古文字是表意文字，結構的方式主要是象形、會意、形聲。〔註 42〕把一個獨體字的形體與客觀的事物聯系，或用一個合體字偏旁來考釋古文字，是自古就常用的方法。前者重視事物的聯系；後者則是先分析偏旁，再說明結構。由於獨體字少，合體字多，也有學者稱之爲「偏旁分析法」。自許慎就採取這種方法解釋一些字，清末的孫詒讓使它更具科學精神。他的做法是先把已經認識的古文字，按照偏旁分析爲一個個單體，然後把各個單偏旁的不同形式收集起來，研究它們的發展變化；在認識偏旁的基礎上，再來認識每個文字〔註 43〕。這種方法要先對已經認識的偏旁有所了解，同時也要知道各形旁之間的通用關係。

（二）歷史比較法

這是將不同階段的文字材料，依序臚列而出，進而從歷史發展的角度，去考察一字的演變。唐蘭謂之「比較法」、「對照法」，也就是楊樹達「據《說文》釋字」、「據甲文釋字」、「據銘文釋字」的方法。文字在發展過程中，其形體會有若干變化，特別是秦以前的古文字，字形不定、結構多樣、一字異形。因此就必須自各個時代的前後關係中，進行綜合比較，找出共同的字源和特點。運用歷史比較法釋字，首先要蒐集各種文字資料，並具備漢字發展變化的知識。掌握漢字的結構特點、形旁的歷史變化、義近形旁間的互用關係及字體簡化的基本形式等。何琳儀在《戰國文字通論》中曾指出：

> 一九三二年郭沫若《兩周金文辭大系》出版，這對兩周金文研
> 究有劃時代的意義。該書對部分戰國銅器銘文，由縱橫兩個方面予
> 以定點：即首先按國別分域，然後再按時代分期。這無疑奠定了戰
> 國銅器銘文斷代和分域的基礎。〔註 44〕

因此何琳儀認爲研究戰國文字形體的演變，「不但要注意此地與彼地之間的橫向聯繫，而且也要注意前代與後代的縱向聯繫。」〔註 45〕手書文字屬戰國文字，自然也適用這個研究方式。因此，本文研究的途徑，先以橫向的聯繫爲基礎，再擴及縱向的時代聯繫。

〔註42〕陳煒湛、唐鈺明：《古文字學綱要》，（廣州：中山大學出版社，1988 年），頁 36。
〔註43〕高明：《中國古文字學通論》，（臺北：五南圖書出版公司，1993 年），頁 147。
〔註44〕何琳儀：《戰國文字通論》（訂補），（北京：中華書局，2003 年 1 月），頁 10。
〔註45〕何琳儀：《戰國文字通論》（訂補），頁 202。

（三）辭例推勘法

辭例推勘法也是常用以考釋古文字的方法，它就該字置於一定的言語環境中，依上下文或同類的文例進行推勘；它可以用文獻中的成語推勘，也可以據文辭本身內容推勘。

文獻成語推勘是利用文獻中的辭例來核校銘文。先秦時期的文章、銘文，有不少是歌頌先人德業文辭，這些辭句往往句法相同或相近，可據以推勘。而據文辭內容推勘，指從文獻本身的文例、句式來推勘。這個方法大都用以推勘句式相近的文字，即使原字殘缺，亦可推知。

第二章　秦漢以前文字書寫概述

　　先秦秦漢時期的墨跡書法，幾無傳世之作，更遑論與古文字書法材料聯繫。所謂「古文字書法」，專指出土的先秦秦漢時期書刻文字而言，大致包含了史前夏商陶文、商周甲骨文與金文、春秋戰國和秦漢簡帛等幾大類。這些現存的文字展示了中國書法藝術的早期的萌芽，經由「造字思維」到「實用和藝術實踐相兼」的漢字發展歷程。

　　為了凸顯東周手書墨跡在中國文字演變上的關鍵性，有必要將文字自史前至秦漢之際，作有系統的介紹。

第一節　史前書寫的肇始奠基

　　漢字的歷史究竟有多悠久，目前沒有確切的答案，但至少可追溯到史前時期。《易・繫辭》云：

　　　　上古結繩而治，後世聖人易之以書契。〔註1〕

「易之以書契」直指漢字發明與使用，其實也蘊涵著刀筆書寫技巧。考「書」字從聿，像手持毛筆書寫貌；「契」字從刀，意指執刀刻畫。可見漢字在發展伊始，即著重刀筆書寫。《尚書・序》云：

　　　　古者伏犧氏之王天下也，始畫八卦，造書契，以代結繩之政，

　　　　由是文籍生焉。〔註2〕

〔註1〕　（魏）王弼、（唐）孔穎達疏，《周易》（十三經注疏本），（臺北：藝文印書館，1993年），頁168。

〔註2〕　（漢）孔安國傳、（唐）孔穎達疏，《尚書》（十三經注疏本），（臺北：藝文印書館，1993年），頁5。

又《說文解字·敘》云：

> 古者，庖犧氏之王天下也，仰則觀象於天，俯則觀法於地，視
> 鳥獸之文，與地之宜，近取諸身，遠取諸物，於是始作易八卦，以
> 垂憲象。及神農氏結繩為治而統其事，庶業其緐，飾偽萌生。黃帝
> 之史倉頡，見鳥獸蹏远之迹，知分理之可相別異也。初造書契，百
> 工乂，萬品以察。〔註3〕

又西晉衛恆〈四體書勢〉云：

> 昔在黃帝，創制造物，有沮誦、倉頡者，始作書契以代結繩。
〔註4〕

上述將漢字發明之功，僅歸諸伏犧氏、史官倉頡或沮誦等幾位傳說人物，實
不必盡信。東漢蔡邕〈九勢〉言「書肇於自然」提到漢字成形具狀，乃取象
自然，此與《說文解字·敘》「仰則觀象於天，俯則觀法於地，視鳥獸之文，
與地之宜，近取諸身，遠取諸物」之說不謀而合，正道出了漢字發明與書法
藝術實是並駕萌芽的。

　　自二十世紀以來，考古文物不斷大量出土。從田野出土的史前彩陶上，
吾人可以遙想先民創製原始書寫工具的睿智，觀賞到軟筆勾勒遺存下的印記
（圖 2-1-1），還有在各類器物上有意留下的刻畫符號，這些都是古人以「刀筆
書契」刻寫的手跡。史前刻符，以刻畫在陶器上佔大宗，此外亦有刻寫在龜
甲、骨器、玉器等其他器物上的。縱觀史前陶器刻符，約可分為兩類：一類
為「陶符」，僅以簡單的直線構成，尚無任何象形意味，可以確定的是，當為
陶工標識某種用途所做的記號，無語言基礎，也不代表語言，只能以符號看
待。另一類為「陶文」，常刻在陶器的特定部位，以表示「所有」關係，可能
寓有圖形表詞義和讀音，但尚未形成普遍且代表語言的書面形態，這可說是
中國現行漢字的遠祖。〔註5〕

〔註3〕（漢）許慎撰、（清）段玉裁注，《說文解字注》（經韻樓藏版），（臺北：洪葉
　　　文化事業股份有限公司，2001年），頁761。

〔註4〕衛恆：〈四體書勢〉，見（唐）房玄齡、諸遂良等奉敕：《晉書》，（臺北：藝文
　　　印書館，1962年），頁742。

〔註5〕高明：〈論陶符兼談漢字的起源〉，見《北京大學學報》（哲學社會科學版），
　　　1984第六期），頁47～69。

圖 2-1-1　陝西臨潼姜寨仰韶五魚彩繪陶盆

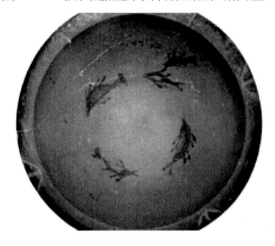

　　史前陶器刻符，有一部分經約定俗成發展爲文字，可以在後來的甲骨文與金文中找到結構形態大致相同的文字，其中一小部分早在當時疑似已經是固定的「字」了，但也有一部分則永遠停留在記號層面上。〔註6〕甚至有的刻符後來朝向非漢字文字系統發展，屬於在內曾經存在卻又失傳消逝的古文字種類。

　　在陝西西安半坡仰韶文化遺址發現的上百個彩陶刻符，〔註7〕及長江中游地區出土的大溪文化時期陶器刻符，〔註8〕時間最早到距今約 6000 年左右。在黃河下游東部濱海地區出土陶器刻符，甚至可早到距今約 7000 年左右的北辛文化時期。〔註9〕另外山東莒縣陵陽河、大朱村及諸城前寨等大汶口文化遺址，彼此之間距離有二百里左右的範圍，出土陶器刻符如「⊘」、「⟨圖⟩」，〔註10〕有人認爲已經屬於早期簡單獨體字演化成的合體字。〔註11〕

〔註6〕　陳昭容：〈從陶文探索漢字起源問題的總檢討〉，《中央研究院歷史語言研究所集刊》第 57 本 4 分，（臺北：中央研究院，1986 年），頁 669～762。

〔註7〕　中國科學院考古研究所、陝西省西安半坡博物館：《陝西半坡—原始氏族公社聚落遺址》，（北京：文物出版社，1963 年），頁 141。

〔註8〕　余秀翠：〈宜昌陽家灣在新石器時代陶器上發現刻畫符號〉，《考古》，1987 年第 8 期，頁 763～764。

〔註9〕　中國社會科學院考古研究所山東隊：〈山東滕縣北辛遺址發掘報告〉，《考古學報》，1984 年第 2 期，頁 159、189。

〔註10〕　王樹明：〈談陵陽河與大朱村出土的陶尊「文字」〉，《山東史前文化論文集》，（濟南：齊魯書社，1986 年，9 月）頁 249～257。

〔註11〕　于省吾：〈關於古文字研究的若干問題〉，（北京：《文物》，1973 年，第二期），

河南登封王城崗城址出土了龍山晚期「共」字陶文。〔註12〕山東鄒平丁公龍山文化時期「陶文」，5 行 11 字，多字成句。〔註13〕還有在長江下游江蘇高郵龍虬莊遺址也發現了 5000 多年前的多字「陶文」，計 2 行 8 字（圖 2-1-2），〔註14〕書體流暢草率，筆畫遒勁，布白行款排列有序，左窄右寬，左意符右像自然界大型獸類動物，堪稱史前陶文的草體代表作。

圖 2-1-2　高郵龍虬莊陶文　　　　　圖 2-1-3　吳縣澄湖良渚陶文

此外，距今 4000 多年前的良渚文化的多字「陶文」，也每有發現，如江蘇吳縣澄湖遺址，曾出土一件良渚文化黑陶罐，陶罐腹部刻有「巫戌五俞」四字（圖 2-1-3），筆畫瘦細挺直。〔註15〕

史前「陶文」的結體成形具狀，其圖像附有寓義，文字體勢平衡、線條粗細勻稱，具有自然率意、意趣稚拙的天成之美，揭示了中國書法藝術的源起與漢字的產生，確乎有同步伊始的可能。

　　頁 32～35。
〔註12〕河南省文物研究所、中國歷史博物館考古都：《登封王城崗與陽城》，（北京：文物出版社，1992 年 1 月），頁 76～78。
〔註13〕山東大學歷史系考古研究專業：〈山東鄒平丁公遺址第四、五次發掘簡報〉，（北京：《考古》，1993 年第四期），頁 295～299。
〔註14〕宿白主編：《中華人民共和國重大考古發現》，（北京：文物出版社，1999 年 9 月），頁 59。
〔註15〕李學勤：〈良渚文化的多字陶文〉，收錄在《吳地文化一萬年》，（北京：中華書局，1994 年 9 月）。

第二節　夏商時期的刀筆形式

　　夏、商二朝的時間大約在西元前 21 世紀至西元前 11 世紀之間，統治的範圍在今黃河流域一帶。如今地下出土不少夏商刀筆書寫的實物，可從中體會早期各式各樣的書法形式。

一、夏代時期

　　早在夏代已開始使用文字傳播，當無疑問。在河南偃師二里頭夏代都城遺址，出土刻有「目」、「魚」、「耳」、「矢」等字的陶文以及 40 餘個陶器刻符（圖 2-2-1）。〔註16〕有的由直線構成幾何圖形，類似史前刻符；有的結構就比較複雜。如河南洛陽皀角樹遺址發現的二里頭文化三期陶文「車」字（圖 2-2-2），〔註17〕爲獨輈雙輪車構形。

　　另外，在陝西商縣紫荊遺址，出土一件二里頭文化時期磨光灰陶觚的下側及器底，分別刻有「交」、「由」、「五」三字；另一塊黑陶片上則刻有一個「五」字〔註18〕，其年代相當於夏代晚期，字形與商代甲骨文或殷墟陶文寫法一致。還有在山東桓臺史家遺址，也發現屬岳石文化時期一個木構井型祭祀坑，其中出土兩片羊肩胛卜骨，一片正面刻一個「入」字，反面刻了「□句五」三字；〔註19〕另一片刻一「夆」字〔註20〕，時代也相當於夏代。

圖 2-2-1　二里頭陶文「耳」

〔註16〕中國社會科學院考古研究所編著：《偃師二里頭──1959 年～1978 年考古發掘報告》，（北京：中國大百科全書出版社，1999 年 6 月），頁 48、198、203、302、304。中國社會科學院考古研究所編著：《二里頭陶器集粹》，（北京：中國社會科學出版社，1995 年 5 月），黑白圖版 43。

〔註17〕洛陽市文物工作隊：《洛陽皀角樹──1992～1993 年洛陽皀角樹二里頭文化聚落遺址發掘報告》，科學出版社，2002 年 10 月，頁 74。

〔註18〕王宜濤：〈商縣紫荊遺址發現二里頭文化陶文〉，《考古與文物》1983 年第 4 期。

〔註19〕《甲骨文合集補編》附錄 313 正反

〔註20〕淄博市文物局等：〈山東桓臺縣史家遺址岳石文化木構架祭祀器物坑的發掘〉，《考古》1997 年第 11 期。

圖 2-2-2　洛陽皂角樹出土夏朝陶文「車」

綜觀夏代書體雖然還顯得不很成熟，但史前「陶文」已成形具狀，不但體勢平衡且線條粗細勻稱，刀法自然率意，在傳承中又有所提升。從其運刀筆書寫看，筆畫恬然有變，瘦勁與豐腴並存，走刀動感熟練，方折與圓弧相兼，文字結體隨類賦形顯得抽象化，意趣邃古雋永。

二、商代時期

商代文字的使用比夏代更進一步，且涵蓋大部分的政治疆域，身居上流的貴族階層乃至世俗社會，已把文字作爲一種記錄或文化意識交流的工具。《尚書·多士》云：「惟殷先人，有冊有典，殷革夏命。」這是周初時周公講述了殷人的祖先用冊典記載當初滅夏的故事，也間接證明了商代初期，已用文字記錄史事。

商代前期王都河南鄭州商城出土的陶尊，其大口沿部刻有「臣」、「鳥」字樣。〔註 21〕此外，青銅禮器鑄銘，在商代前期也有所見。如日本東京國立博物館藏商代二里岡時期銅鼎，其兩耳下口沿處各鑄一個類似陶符的陽文；〔註 22〕而中國國家博物館藏商代前期銅鬲，其內壁口沿處也有銘「互」字。〔註 23〕

商代中晚期以降，在黃河流域與長江流域均有發現陶文的蹤跡。在河北邢臺曹演莊遺址發現「囧」字陶文，藁城臺西遺址出土「矢」、「戉」、「臣」、「止」、「魚」、「巳」等陶文。〔註 24〕在河南滎陽西史村商代遺址發現「車」

〔註21〕楊育彬：《河南考古》，（鄭州：中州古籍出版社，1985 年 10 月），圖版 16、17。

〔註22〕Xiaoneng Yang: Reflections of Early China，University of Washington Press, 2000, p.89.

〔註23〕中國青銅器全集編輯委員會編：《中國青銅器全集·夏商 1》，（北京：文物出版社，1996 年 7 月），圖版 51。

〔註24〕季雲：〈藁城臺西商代遺址發現的陶器文字〉，《文物》1974 年第 8 期。張光遠：

字陶文（圖 2-2-3）。〔註 25〕陝西西安老牛坡晚商遺址陶器刻文有「亞」、「戎」
等字。甘肅慶陽發現晚商〈「乍冊吾」玉戈刻銘〉。〔註 26〕長江以南江西新
淦大洋洲商代大墓出土有「戈」字陶文。〔註 27〕江西清江吳城晚商遺址出
土陶文單字達 66 字，其中一件黃釉陶罐肩部刻了「中在崇臣，燎祖之旲」
成文陶文八字，還有兩件灰陶缽的器底分別刻了「入土（社）崇田」二行四
字（圖 2-2-4）、「衣（殷）□於千角，巳（祀）五」七字，〔註 28〕與吳城中
部發現的宗廟建築祭祀群及紅土臺座社祭場，可以互爲印證。〔註 29〕

圖 2-2-3　滎陽西史村商代陶文「車」

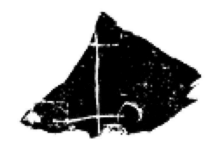

圖 2-2-4　吳城陶文「入土崇田」

〈早商的文字〉，《故宮文物月刊》第 9 卷 1 期，1991 年。
〔註 25〕鄭州市博物館：〈河南滎陽西史村遺址試掘簡報〉，《文物資料叢刊》（5），1981
　　　　年。
〔註 26〕許俊臣：〈甘肅慶陽發現商代玉戈〉，《文物》1979 年第 2 期。
〔註 27〕江西省文物考古研究所等：《新干商代大墓》，（北京：文物出版社，1997 年 9
　　　　月），頁 166～175。「新淦」爲「新干」的舊名。
〔註 28〕江西省博物館、北京大學歷史系考古專業、清江縣博物館：〈江西清江吳城商
　　　　代遺址發掘簡報〉、唐蘭：〈關於江西吳城文化遺址與文字的初步探索〉，同載
　　　　《文物》1975 年第 7 期。又趙峰：〈清江陶文及其所反映的殷代農業和祭祀〉，
　　　　《考古》1976 年第 4 期。
〔註 29〕參見宋鎮豪：《夏商社會生活史》增訂本上冊，（北京：中國社會科學出版社，
　　　　2005 年 10 月），頁 99。

圖 2-2-5　晚商玉戈銘摹本（美國福格藝術館藏）

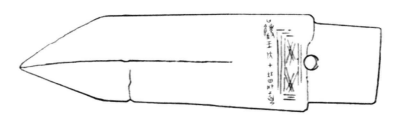

圖 2-2-6　殷墟陶器器底文字

譯文：中曰叀多叀入丁友

　　商代晚期盤庚在西元前 1300 年前後遷殷，即今河南安陽小屯一帶，而歷 8 代 12 王，前後延續 273 年，直至西元前 1046 年周人滅商爲止。這裏近年出土有文字寫刻的玉石器約 70 件左右，大都屬貴族所有的器物。〔註30〕如著名的殷墟五號墓出土〈玉戈刻銘〉「盧方皆入戈五」，記此玉戈屬於盧方伯君長皆入貢五秉玉戈之一；另一件〈石磬銘〉「妊冉入石」，記石磬爲貴婦妊冉的貢品。殷墟王陵區 1003 號大墓出土〈石簋耳銘〉「辛亥小臣𡖊入禽，俎在書以𣪘」，記辛亥日小臣𡖊入獻擒獲的野味，在書地獻致石簋進行俎祭。〔註31〕小屯 YM331 墓〈頭飾品玉魚銘〉「大示害」，大示指商直系先王，佩帶用作「護身符」。傳出殷墟的〈玉瓚柄飾件銘〉云：「乙亥，王賜小臣腐瓚在大室。」〔註32〕記此瓚爲商王在大室賜小臣腐的禮物。美國哈佛大學福格藝

〔註30〕參見陳志達：〈商代的玉石文字〉，《華夏考古》1991 年第 2 期。又孟憲武、李貴昌：〈殷墟出土的玉璋朱書文字〉，《華夏考古》1997 年第 2 期。又中國社會科學院考古研究所編著：《安陽殷墟出土玉器》，（北京：科學出版社，2005 年 9 月）。

〔註31〕參見高去尋：〈小臣石簋的殘片與銘文〉，《中央研究院歷史語言研究所集刊》第 28 本，1957 年。

〔註32〕商承祚：《殷契佚存》，《金陵大學中國文化研究所叢刊》甲種影印本，1933 年 10 月，唐蘭序，頁 3 下。

術館藏〈晚商玉戈銘〉:「曰：𤔲，王汰，在林田馀𢦏」(圖 2-2-5)；曰，語助詞；汰有洗濯之義；馀，人名；𢦏字條一人跪而持戈，有奉持之義；記商王在林田祭時行洗濯之禮，馀在側持此玉戈爲拱衛，特刻銘旌紀留念。〔註 33〕可見這類刻寫文字的玉石器，通爲禮樂、祭祀和儀仗使用器，佔有者曾是商王、方國君長、貴婦或臣正等。文義通暢明潔，語法完整，字體大小勻稱，書刻嫻熟，章法簡練，屬當時上層貴族階層之物。

　　另外，殷墟還出土過近百餘件陶文，記載的內容與使用者的地位一般來說要比玉石器文字爲低。據劉一曼統計，殷墟出土陶文的地點有：小屯、大司空村、後岡、花園莊南地、苗圃北地、白家墳等處。劉氏對於陶文，還有以下的敘述：

　　　　殷墟陶文有單字 122 個，其中可以釋讀的 64 個，重複出現的
　　　　41 個，不能辨識的字 17 個，還有易卦數字五組。出土陶文的器類
　　　　有盆、中柱盆、器蓋、豆、簋、罍、罐、大口尊、鬲、『箕形器』、
　　　　範等。〔註 34〕

　　陶文的書刻類別有朱書、有墨書或先刻後燒、先燒後刻的。其內容有陶工在陶坯刻作表記的數字記號或位置符號，如「一」、「二」、「三」、「四」、「右」、「中」、「左」之類；還有人名、族名、方國名等，如「嬰」、「龘」、「乙」、「小子」、「婦好守」、「□吳亞」、「亞」、「萬」、「戍」、「戈」、「木」、「井」等等；有干支字「己」、「壬」、「乙丁」之類；有記事文辭「庚見石旨」、「中日更多更入丁友」(圖 2-2-6) 之類；有筮數「一七八六六七、六一七」、「六六七六六八」、「六六七六七一」、「五七六八七一」、「一七六七八六」之類的三爻單卦及六爻重卦。〔註 35〕

　　陶文書刻的位置通常在陶器的唇沿、肩部或器表、器壁、器底等寬敞部位。隨類賦書，字體尚欠規範，結體較顯俗氣；急就或有失經意，或簡略率

〔註 33〕參見李學勤：〈論美澳收藏的幾件商周文物〉，《四海尋珍》，(北京：清華大學出版社，1998 年 9 月)，頁 244～245。

〔註 34〕劉一曼：〈殷墟陶文研究〉，《慶祝蘇秉琦考古五十五年論文集》，(北京：文物出版社，1989 年 8 月)。

〔註 35〕參見李濟：〈小屯·殷虛器物甲編·陶器 (上輯)〉，(臺北：中央研究院歷史語言研究所，1956 年 8 月)。高明：〈商代陶文〉，《殷墟博物苑苑刊》創刊號，中國社會科學出版社，1989 年。鄭振香：〈陶文與符號〉，《殷墟的發現與研究》，(北京：科學出版社，1994 年 9 月)，頁 248～255。

樸；用字以單字爲多，長句少見。因此，陶文在當時的世俗社會中，大致發揮了溝通交流與傳承的作用。

　　總之，文字在商代社會中，遠比夏代使用廣泛。有流行於世俗社會的筮數陶文，各地出土的自由草率的器用陶文，諸多石器文字、骨刻文字；還有莊重典雅的青銅禮器銘文、實用功能的銅璽印文字、玉器朱書、墨書、刀刻文字等等。如此運用在各方面，也揭示了文字在社會生活中的實際使用情況，正是無數先民對於文字書寫形式多樣的試練，以及審美情趣的陶冶，促進了早期書法藝術進入到新的階段。

第三節　商周以前的墨跡遺子

　　地下出土史前及夏商周三代的毛筆書跡，所見雖不多，大致上可分爲朱書和墨書文字等，以陶片、玉片、甲骨、銅器等爲書寫的載體，是書法的遺眞。觀察這些眞跡，可以了解當時的用筆技巧、結體風格、行款章法及書寫者注入的心境和意識，對於瞭解中國早期書法源起及其演進形態有著重要價值。

　　在山西襄汾陶寺龍山文化遺址出土的陶扁壺殘片，時代距今約 4500 年左右，〔註 36〕有朱書文字兩個，筆畫豐潤，運筆熟練自如，爲今日所見最早的毛筆書法字跡（圖 2-3-1）。

圖 2-3-1　山西陶寺出土朱書陶文

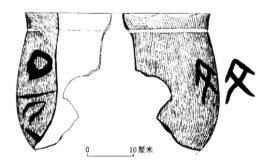

〔註36〕李健民：〈陶寺遺址出土的朱書「文」字扁壺〉，《中國社會科學院古代文明研究中心通訊》第 1 期，2001 年，頁 27～29。

圖 2-3-2　鄭州小雙陶文

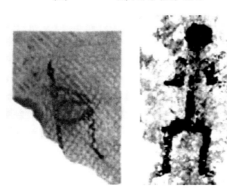

在鄭州商城西北約 20 公里處石佛鄉小雙橋村一帶，有一處面積約 140 萬平方米的商代遺址，考古學時代屬鄭州二里岡上層第二期，即白家莊期（西元前 1435～1412 年），時間相當商代中期早段。發現了夯土牆、夯土建築基址、奠基坑、人祭坑和和其他類祭坑，還出土毛筆朱書陶文 17 件。〔註 37〕朱書陶文寫在專門用於祭祀的陶缸口沿內外壁上，個別的寫於器蓋表面，以單字句爲多，也有兩字一組或兩行三字句者，內容屬於與祭祀活動儀式有關的數字類、徽識類及祖先名等。書體接近商金文，用筆方折和圓轉兼備，線條清潤，如「尹」字陶文。有的字形筆畫經廓塡，如「天」字首筆，象形意味甚濃（圖 2-3-2）。

在殷墟也發現相當數量用毛筆朱書墨書的精美書辭，據劉一曼教授統計約有 74 例：書於卜甲上的有 48 例，內容有與同版契刻卜辭同屬的卜辭，有記貢納龜甲者；而書於卜骨上的有 26 例，每每倒書，書辭內容如「甲申卜彡乞燎」（《甲骨文合集》35260）、「牛二，在四月王……」（《甲骨文合集》41389）等等，多與祭祀祖先及用牲有關。〔註 38〕

西元 1977 年安陽小屯村北 18 號墓出土〈玉戈朱書銘〉「在兆執守老在入」（圖 2-3-3），知乃守衛王都周邊武士的秉持禮器。〔註 39〕

西元 1985 年安陽劉家莊殷墓出土玉璋朱書文字殘片 17 件，書寫有「

〔註 37〕　宋定國：〈鄭州小雙橋遺址出土陶器上的朱書〉，《文物》2003 年第 5 期，頁 35~44。

〔註 38〕　參見劉一曼：〈試論殷墟甲骨書辭〉，《考古》1991 年第 6 期，頁 546～554，572。

〔註 39〕　中國社會科學院考古研究所安陽工作隊：〈安陽小屯村北的兩座殷代墓〉，《考古學報》1981 年第 4 期，頁 491～517。

于小史戎一」、「于史公」、「于公」、「□于祖□戎一」、「□□祖甲戎一」
等內容，記用此等玉禮器祭祀先公先祖。〔註40〕

　　西元1987年安陽小屯東北地出土朱書陶文，殘存四行六字「日□日必禽，
徝雨」（圖2-3-4），〔註41〕記雨中田獵。字體規正，書體豐腴，運筆順入尖出，
結體渾圓，筆觸富有彈性，章法錯落有致，一氣呵成，與一期𠂤組甲骨文一
致。「徝（延）雨」也是殷人習慣用語，是較爲成熟的作品。

圖 2-3-3　殷墟 18 號墓出土玉戈朱書文字

圖 2-3-4　安陽小屯出土朱書陶文

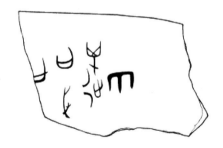

　　西元1991年安陽後岡M3殷墓，發現6件朱書石柄形飾，分別書寫了「祖
甲」、「祖丙」、「祖庚」、「父辛」、「父癸」、「父□」，〔註42〕似爲祖先神主牌位。
這類朱書墨書文字的玉石器，通爲禮樂、祭祀和儀仗等上層社會用器，佔有
者曾是商王、方國君長、貴婦或臣正等，文字書刻規範，章法簡練，文義通
暢明潔，語法完整，基本爲當時貴族階層的文化品物。

〔註40〕　孟憲武、李貴昌：〈殷墟出土的玉璋朱書文字〉，《華夏考古》1997年第2期，
　　　　　頁72～77。

〔註41〕　中國社會科學院考古研究所安陽工作隊：〈1987年安陽小屯村東北地的發
　　　　　掘〉，《考古》1989年第10期，頁893～905。

〔註42〕　中國社會科學院考古研究所安陽隊：〈1991年安陽後岡殷墓的發掘〉，《考古》
　　　　　1993年第10期，頁880～903。

西元 1999 年安陽劉家莊北 1046 殷墓出土石璋墨書文字 18 件，書有「⿰⿱示 于大子丁」、「⿰⿱示 於死子癸」、「⿰⿱示 于長子癸」、「⿰⿱示 於中子癸」、「⿰⿱示 于三辛」、「⿰⿱示 于亞辛」、「⿰⿱示 於□君乙」、「⿰⿱示 于祖乙」、「⿰⿱示 于祖丁」等，內容也是記秉璋祭已故者。〔註43〕

西元 2002 年在小屯南地偏東的 H57 坑又出土一例卜骨朱書文字，「祖辛」二字倒書於牛胛骨的反面內緣處。〔註44〕字體較肥大，是甲骨書辭常見風格。書於甲骨的反面，有的書寫後還被刻過。

西周墨跡實物迄今所見不多，目前考古發掘的物件主要有兩批。一批是西元 1964 年前後，在河南洛陽市北窰西周墓地出土，從三座西周早期貴族墓葬中一共發現 7 件帶有墨書文字的器物，其中 M37 墓中出土的一件銅簋內底有墨書「白懋父」三字，M139 墓一件銅戈援基有墨書「叔䜌父戈」4 字（圖 2-3-5）。M172 墓出土的 5 件鉛戈援基，上面分別有墨書「史矢」、「封氏」、「蔡叔」、「堯氏」、「堯」。〔註45〕

圖 2-3-5　洛陽西周銅兵器墨書

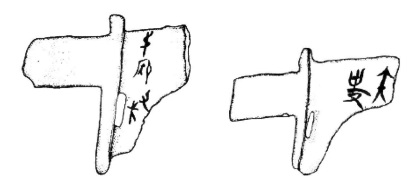

另一批是西元 1991 年在河南三門峽市上村嶺虢國貴族墓地出土物件，當時在一座 M2009 墓中發現 10 件有墨書文字的圭形玉片。〔註46〕墓主身份

〔註43〕 中國社會科學院考古研究所安陽工作隊：〈安陽殷墟劉家莊北 1046 號墓〉，《考古學集刊》（15），（北京：文物出版社，2004 年），頁 395〜390。

〔註44〕 國家文物局編：〈小屯南地甲骨新發現〉，《2002 中國重要考古發現》，（北京：文物出版社，2003 年 6 月，頁 32。

〔註45〕 蔡運章：〈洛陽北窰西周墓墨書文字略論〉，《文物》1994 年第 7 期，頁 64〜69。又洛陽市文物工作隊：《洛陽北窰西周墓》，（北京：文物出版社，1999 年 4 月），頁 80、85、100〜102。

〔註46〕 郭民卿、姜濤：〈虢國墓地發掘又獲重大發現〉，《中國文物報》1992 年 2 月 2

為西周晚期厲王、宣王以後虢國國君虢仲。出土玉片原整齊擺放在內棺棺蓋上，上面墨書文字為參加葬禮者贈送禮品的清單。即文獻所謂助葬之「賵賻」。《儀禮·既夕禮》「公賵」，鄭注：「賵，所以助主人送葬也。」〔註47〕又「書賵於方」，鄭注：「方，板也。書賵奠賻贈之人名與其物於板。」〔註48〕《荀子·大略》云：「貨財曰賻，輿馬曰賵，衣服曰襚，玩好曰贈，玉貝曰唅。賻賵所以佐生也，贈襚所以送死也。送死不及柩尸，弔生不及悲哀，非禮也。故吉行五十，犇喪百里，賵贈及事，禮之大也。」〔註49〕有的玉片上僅有送葬者的名字，如「南中」，性質類似今日名片，有的則是送禮單，如「白大夫×匹馬」云云。墨書為西周正體篆文，字體大小基本相同，墨色一致，書體圓滑流利，筆畫粗細勻稱，筆觸齊整而顯彈性，筆鋒順入而起止較尖，提按分明。這為瞭解西周時期的書法藝術提供了十分珍貴的墨跡原作。

　　迄今發現西周書法墨跡雖然僅此兩批，已能感受其中透發出的鮮明時代書法氣息，如書體秀麗遒美，結體豐腴，筆勢雄勁渾圓，運筆順入出鋒，首尾較尖而中間肥筆略曲，提按灑落，波磔明顯。特別是有的書體筆畫起止不露鋒芒，豎筆上肥中鼓下瘦，橫筆前粗後細，與西周金文習見的所謂「玉箸體」一致，「篆引」筆法明顯。〔註50〕

第四節　甲骨文與金文的刻鑄轉折

　　商代書法儘管有著各式各樣層次不一的形式，但主流還是殷墟甲骨文和金文兩大系列，尤其以前者為要。從商代以降，金文漸漸取代甲骨文，成為書法藝術的主導。

日。許永生：〈從虢國墓地考古新發現談虢國歷史概況〉，《華夏考古》1993年第4期，頁92～95。師安袁：〈中國書法史上的重大發現〉，王斌主編《虢國墓地的發現與研究》，（北京：社會科學文獻出版社，2000年7月），頁250～253。

〔註47〕　（漢）鄭玄注、（唐）賈公彥疏：《儀禮》（十三經注疏本），（臺北：藝文印書館，1993年），頁461。

〔註48〕　（漢）鄭玄注、（唐）賈公彥疏：《儀禮》（十三經注疏本），頁463。

〔註49〕　（清）王先謙：《荀子集解》，（臺北：藝文印書館，2000年），頁779～780。

〔註50〕　《說文解字》卷五上竹部云：「篆，引書也」，篆謂字形結體，引為引筆而書，篆引是指篆書體的線條特徵及其書寫方法而言。參見叢文俊：《中國書法史·先秦·秦漢卷》，（南京：江蘇教育出版社，2002年6月），頁184～189。

一、商代甲骨文

　　河南安陽小屯一帶是盤庚所遷殷時商代王都，也是殷墟甲骨文出土的所在地。甲骨文是指殷人在卜用龜甲和牛胛骨上書刻下的占卜文字記錄，又稱「甲骨卜辭」，有少量與占卜相關或無關的記事文字（圖2-4-1），從西元1899年發現後的百多年間，累計出土達十多萬片以上，單字量約4000左右。甲骨文已脫離原始象形的繁複，屬於一種功能強大、線條簡練且趨於規範的成熟文字。前後歷時武丁及其以前（盤庚、小辛、小乙）、祖庚、祖甲、廩辛、康丁、武乙、文丁、帝乙、帝辛等十二位商王，出自晚商王朝特殊知識階層之手。卜辭文體用於特殊場合，代表著貴族文筆及書法藝術的層面。

圖2-4-1　虎骨記事刻辭　　　　　圖2-4-2　殷墟出土玉刻刀

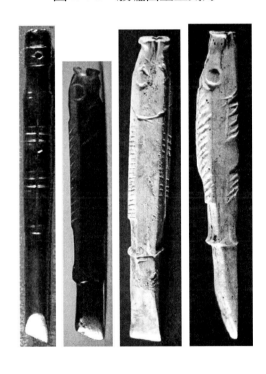

（一）實用與藝術兼具

　　甲骨文書法實用和藝術實踐相兼，代有推演，以顯其刀筆之技巧、結體之成規、章法之變宜三大特色，引領後世書法，顯示中國早期書法自初始階

段起就內蘊早熟的特色。

殷墟甲骨文以契刻爲主，契刻的工具有玉刻刀（圖 2-4-2）和青銅刀。〔註51〕此外，學者在西元 1928 年至 1929 年間殷墟出土的 3 塊牛肩胛骨版上〔註52〕（圖 2-4-3），發現有毛筆書跡，墨色因年久而又經發掘時洗刷泥土之故，業已淡黃了。幸而侵入骨裏，永久不退，由此可瞭解殷商已有毛筆之類的書寫工具。〔註53〕

圖 2-4-3　殷墟出土的三塊牛肩胛骨版上的書跡

甲骨文刀筆結體有法式可循，書寫筆順具四大特點：（一）先直後橫，斜筆及曲筆的豎形者同於直。（二）上下結構的字，一般都是先上後下書刻。（三）左右結構的字，先左後右。（四）中心軸對稱的字，則在先直後橫、先上而下、先左後右的原則下，先完成中間部分，再從左而右完成整個字。〔註54〕中國傳統法書的篆書結體筆順，早在商代已確立。此等書寫法式，必然因乎師承傳授和反覆練習方能相繼，不絕於後。

西元 1937 年郭沫若在《殷契萃編》中揭出：

　　卜辭契於龜骨，其契之精而字之美，每令吾輩數千載後人神

〔註51〕參見周鴻翔：〈殷代刻字刀的推測〉，《聯合書院學報》第 6 期，1967～1968年，頁 9～44。又〈甲骨文契刻初探〉也認爲在商代鑄銅技術相當發達和青銅刀刻字的條件已完全具備的情況下，玉刀即使曾被使用，當不會作爲主要的刻字工具。見趙銓、鍾少林、白榮金撰：〈甲骨文契刻初探〉，《考古》1982年第 1 期，頁 85～91。

〔註52〕《小屯第二本殷虛文字甲編》870、2636、2940。

〔註53〕董作賓：〈甲骨文斷代研究例〉，《中央研究院歷史語言研究所集刊外編》第一種《慶祝蔡元培先生六十五歲論文集》上冊，1933 年 1 月，頁 323～424。

〔註54〕參見彭邦炯：〈書契缺刻筆畫再探索〉，《甲骨文發現一百周年學術研討會論文集》，（臺北：中央研究院歷史語言研究所，1998 年），頁 191～201。

往。文字作風且因人因世而異，大抵武丁之世，字多雄渾，帝乙之
世，文咸秀麗。細考於方寸之片，刻文數十，壯者其一字之大，徑
可運寸。而行之疏密，字之結構，回環照應，井井有條。固亦間有
草率急就者，多見於廩辛康丁之世，然雖潦倒而多姿，且亦自成一
格。凡此勻非精於其技者絕不能爲。技欲其精，則練之須熟，今世
用筆墨者猶然，何況用刀骨耶？〔註55〕

郭氏列舉編號 1468（《甲骨文合集》18946）一片習字骨版（圖 2-4-4），指出
其中第四行的特色。

　　字細而精美整齊，蓋先生刻之以爲範本。其餘歪斜刺劣者，蓋
　　學刻者所爲。

　　　圖 2-4-4　　《粹編》1468（《甲骨文合集》18946）

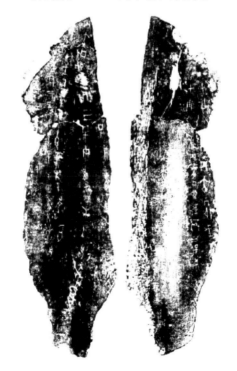

又云：

　　刻鵠不成，爲之師範者從旁捉刀助之，故間有二三字合乎規

矩。師弟二人藹然相對之態，恍如目前，此實爲饒有趣味之發現。

且有此爲證，足知存世契文，實一代法書，而書之契之者乃殷世之
鍾、王、顏、柳也。〔註56〕

可見當時甲骨文的書刻者，確實有很強的審美意識和書寫藝術標準。爲達到
能熟練以掌握刀筆書法技巧和練就一手好字，有賴既有師授承襲，及個人日
常不懈的臨摹練習。

殷墟甲骨文行款章法有一定法度（圖2-4-5），辭例錯落，布局生動，綱目
挈領，疏密聚散，看似無序，實循慣例。一般說來，在龜甲右半者，卜辭右
行；在龜甲左半者，卜辭則左行；在首甲、甲尾及左右甲橋部位的卜辭，則
常常由外向內，在右者左行，在左者右行。左牛胛骨卜辭左行爲多，右牛胛
骨卜辭右行爲多。

圖2-4-5　甲骨文行款

〔註56〕郭沫若：《殷契粹編》，頁734；又見序，頁10～11。

（二）多變的各期風格

甲骨文書風，代有推演。董作賓將甲骨文斷分為五期，一期武丁時大字氣勢磅礴（圖 2-4-6），小字秀麗端莊，二期祖庚祖甲時工整凝重，溫潤靜穆，三期廩辛康丁時頹靡草率，四期武乙文丁時粗獷峭峻，欹側多姿，五期帝乙帝辛時規整嚴肅，作大字則峻偉豪放，作小字則雋秀瑩麗（圖 2-4-7）。〔註 57〕

圖 2-4-6　一期甲骨文　　　　圖 2-4-7　五期甲骨文

換言之，甲骨文一期具開創性雄風，功深老到，氣魄偉渾，二期則書風柔弱麗質，然結構工整、用刀規範，有藝術上的新開拓，三期風格脫卻華飾，又嘗試草寫急就，四期是甲骨文眾多書風的融合時期，五期用筆端莊勻稱，文字書寫定型，其筆法上突破，筆畫的豐滿圓潤。〔註 58〕

但也有人認為董氏三、四期甲骨分期說有失誤，不完全符合甲骨文書法

〔註 57〕董作賓：〈甲骨文斷代研究例〉，《中央研究院歷史語言研究所集刊外編》第一種《慶祝蔡元培先生六十五歲論文集》上冊，1933 年 1 月，頁 323～424。

〔註 58〕冼劍民：〈甲骨文的書法與美學思想〉，《書法研究》1986 年第 4 期，頁 104～111。

發展的先後順序，聊備一說。〔註59〕按新的分組分類斷代說，甲骨文書法的演進風格，師組卜辭工美與草率、大字與小字並呈，尚未形成流派時尚；此後賓組卜辭字勢開闊雄偉，結體工美，具書冊風格；歷組勁直粗獷，結體緊密，有方折簡率個性；何組字勢疏瘦端雅，清雋秀美，勁爽不足而嫵媚腴潤猶多過之；祖甲至文丁時之無名組體勢縱長端莊，線條瘦健堅實，結體不工，氣骨靡弱，多簡率匇遽之筆；文丁至帝辛時黃組體勢規範，開玲瓏雋逸之甲骨文行草之風。〔註60〕

另有學者按筆法將甲骨文書法分為三大派：一求線條圓轉勻衡，有類金文，一求刀刻意趣，筆畫瘦硬勁挺，鋒利峭拔，一求毛筆書寫效果，用筆頓曳分明，輕快勁媚。〔註61〕

近五十多年以來，甲骨文的發現又有擴大，中國有 25 個地點出土了甲骨文或甲骨契刻符號，除上述殷墟甲骨文以外，在河南舞陽賈湖、河南鄭州商城、洛陽某地、山東淄博桓臺史家、濟南大辛莊、濟寧張山窪、濟陽劉臺、北京昌平白浮、北京房山琉璃河董家林、北京房山鎮江營、河北邢臺南小汪（圖 2-4-8）、安徽巢湖、湖北襄樊檀溪村真武山、江西湖口縣下石鐘山、甘肅武山傅家門、陝西西安花園村、岐山鳳雛、岐山周公廟祝家巷村北、岐山周公廟廟王村北（圖 2-4-9）、扶風齊家村、扶風強家村、扶風雲塘、長安灃西張家坡、山西洪趙坊堆、山西洪洞縣南秦村等地，有數量不一的有字甲骨出土，計 300 餘片，總字數約千餘個。其中分布地域廣大、年代跨度久遠的有五處，分別是裴李崗一、仰韶一、龍山一、岳石一、商六、西周十等。這些甲骨文的發現，是甲骨文字時空的擴大和內涵的充實，對書法演進史的考竟源流有重要價值。如河南舞陽賈湖裴李崗文化遺址發現的龜甲上的形似「目」、「曰」之類的刻符，年代上限早到 8000 年前。〔註62〕

〔註59〕胡厚宣云：「廩辛、康丁及武乙、文丁兩期，亦有確可知當屬於某一王者，但絕大多數無稱謂可據，字體、事類往往類似混同，難以強分。茲為慎重起見，姑列為一期。」又云：「甲骨斷代，自王國維、王襄開其端，董作賓發其例，時代先後，略可究明。惟精密分辨，則尚待研討。本書約略序為四期，難免疏舛，改正訂補，俟之將來。」見胡厚宣：《戰後京津新獲甲骨‧序》，（上海：聯群出版社，1954 年，3 月）。

〔註60〕叢文俊：《中國書法史‧先秦秦漢卷》，（南京：江蘇教育出版社，2002 年 6 月），頁 99、155～163。

〔註61〕張桂光：《張桂光書法集》，（廣州：嶺南美術出版社，2002 年 12 月），頁 4。

〔註62〕河南省文物考古研究所編著：《舞陽賈湖》，（北京：科學出版社，1999 年 2 月），上卷頁 458，下卷頁 984～991，彩版 47、48。

圖 2-4-8　邢臺南小汪西周甲骨文

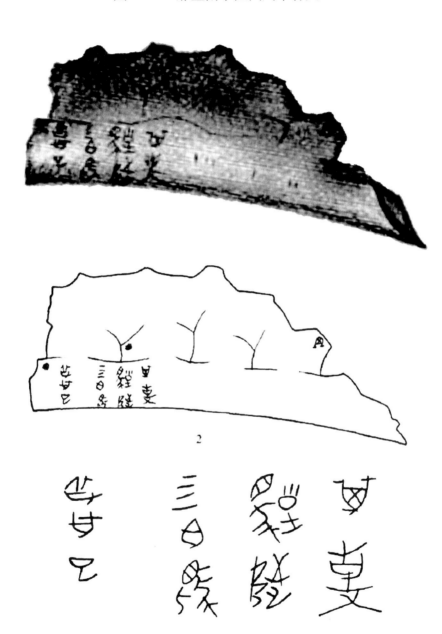

圖 2-4-9　岐山周公廟甲骨文

　　鄭州商城出土過四片字骨，年代早到商代前期，其中有一片牛肋骨卜辭，刻了 10 個字〔註63〕，辭云：「乙丑貞，比。十月。又（侑）土（社）羊。」可能是地名、族名或人名，記比同，用羊牲侑祭社。遠處商王朝東土的山東濟南大辛莊晚商遺址發現的一版大龜腹甲，正面殘存卜辭 16 條，共有 34 字，〔註64〕書體行款與殷墟甲骨文無大別。晚後的西周甲骨文，有字小如米粒者，也有大字體及長篇行文者，約略說來，體勢遜於殷墟甲骨文所具的大氣開闊，書風柔弱率簡而呈衰落之貌。

　　甲骨文書法以其高起點、合規度、具變宜的素質，和代有推演的書風及技巧，與意匠深沉的文化積澱，先聲正源而導流後世書法，直接或間接影響晚後。

二、商周金文

　　金文是鑄刻於鐘、鼎、盤、彝等金屬器物上的銘文，也稱勒銘文字，是當時的正體文字。古稱銅為「金」，故得其名。因為鐘屬樂器，鼎屬禮器，呈現在鐘或鼎上的銘文也較多，故又稱鐘鼎文或鐘鼎彝器銘文。鐘鼎上的文字有凹凸之分，陰文稱「款」，陽文稱「識」，故又稱鐘鼎款識。又因銅器銘文中常有「易吉金」、「擇其吉金」之類的文字，故以稱吉金文或吉金文字。這

〔註63〕陳夢家：〈解放後甲骨的新資料和整理研究〉，《文物參考資料》1954 年第 5
　　　　期，頁 38～40。

〔註64〕孫亞冰、宋鎮豪：〈濟南大辛莊遺址新出甲骨卜辭探析〉，《考古》2004 年第 2
　　　　期，題 66～75。

些名稱都是學者在研究時所產生的，不免過於混亂。爲了統一與省便，就以
「金文」二字來稱呼這些銘文。

（一）商代金文

　　殷商以降，金文漸漸成爲書寫的主流。殷商金文書法的代表作，有所謂
「三卣一尊一罍一甗」說。「三卣」即〈二祀㓞其卣〉（圖2-4-10）、〈宰甫卣〉
（圖2-4-11）、〈小子𧖟卣〉（圖2-4-12）；「一尊」爲〈小臣艅尊〉（圖2-4-13）；
「一罍」爲〈小臣邑罍〉（圖2-4-14）；「一甗」爲〈作冊般甗〉（圖2-4-15）。

圖2-4-10　二祀㓞其卣

蓋內

器內底

541

器外底

圖 2-4-11　宰甫卣

圖 2-4-12　小子𤔲卣　　　　　　　　　圖 2-4-13　小臣𦨕尊

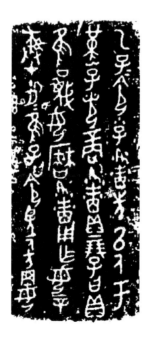 

圖 2-4-14　小臣邑斝

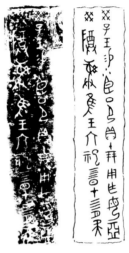

小臣邑斝細部及摹本

圖 2-4-15　作冊般甗

一是〈二祀邲其卣〉代表雄健、恣肆一路風格。這類的還有〈四祀邲其卣〉、〈六祀邲其卣〉、〈宰甫卣〉、〈作冊般甗〉等。其中〈二祀邲其卣〉用筆強勁，線條遒厚，字形大小參差，隨意灑脫，十分強調作者的主觀情感。構成了氣魄宏雄偉、放蕩不羈的藝術效果。〈宰甫卣〉以作者姓名宰甫為名，

氣勢宏大，線條厚實有力，字形亦多變化，略見作者的喜悅之情。

二是〈小子齋卣〉、〈小臣邑斝〉代表恬適一路風格，在自由揮灑狂狷不羈中又顯疏密跌宕整穆肅然的特色。尤其是〈小子齋卣〉，體勢欹側，用筆灑脫欲飛，有殷金文「行書」的美譽。〔註65〕

三是〈小臣艅尊〉代表整肅一路風格，書風以骨格遒正、粗獷渾厚爲主要特徵。〈小臣艅尊〉深受甲骨文書風影響，與帝乙、帝辛時代的宰丰骨匕相似，用筆精湛嚴謹，整飭不苟。線條兩頭細，中間粗，因此多鋒芒，不難想像是以筆仿刀之作。

（二）西周金文

西周正體篆文書法風格多樣，如眾芳爭豔，有目不暇接、美不勝收之感。如康王時〈大盂鼎〉（圖2-4-16），計19行共291字，分爲左右兩部分，直書右讀，一開漢代分書碑版章法之先河。內容記周王策封賞賜盂，告誡其有關殷商亡國的教訓及立國治理天下的雄略。字體規整，筆畫多用肥筆，起止尖圓並兼，書風清純凝爽，遒秀翹辣。

圖2-4-16　大盂鼎

〔註65〕參見秋子：《中國上古書法史──魏晉以前書法文化哲學研究》，（北京：商務印書館，2000年1月），頁111～112、127。

　　厲王時的〈散氏盤〉（圖 2-4-17），共 19 行計 359 字。記矢、散兩國勘定疆界，訂立誓約，解決紛爭。字體扁平圓潤，線條欹側草率，行款錯落自然，書風渾樸凝重、厚古深偉。

圖 2-4-17　散氏盤

　　宣王時〈毛公鼎〉（圖 2-4-18），共 32 行計 499 字。記毛公被宣王委以重任，輔佐王室，克勤職守，受到嘉獎賞賜。筆力沉雄綿亙，體勢莊重恢宏，用筆剛柔相濟，書風「精妙秀雅，流逸雋永」。宣王時另有〈虢季子白盤〉（圖 2-4-19），共 8 行計 111 字，內容記虢季子白伐玁狁，戰功赫赫，受到周王賞賜。字大而體勢雋美瘦削，線條流暢灑脫，章法疏朗有致，氣韻生動，書風虯健雄邁，寬博裕如，已帶有春秋秦系篆文的某些特徵。這四銘自清際以來被推舉為周金大篆書法「四大重寶」。〔註66〕

〔註66〕　參見秋子：《中國上古書法史──魏晉以前書法文化哲學研究》，（北京：商務印書館，2000 年 1 月），頁 129～140。

圖 2-4-18　毛公鼎

圖 2-4-19　虢季子白盤

1976 年陝西扶風莊白村出土的西周恭王時〈史牆盤銘〉（圖 2-4-20），十
八行 284 字，述西周文、武、成、康、昭、穆各王的主要史跡和器主史牆列
祖事周王朝的功績。書風工嚴渾穆，圓雄臻美，構形端嚴工穩，筆法圓潤雄
強，線條高古精美，布白上通篇縱行橫列，左右兩段分書，被譽爲「西周中
期士林書法的典範之作」。

圖 2-4-20　史牆盤

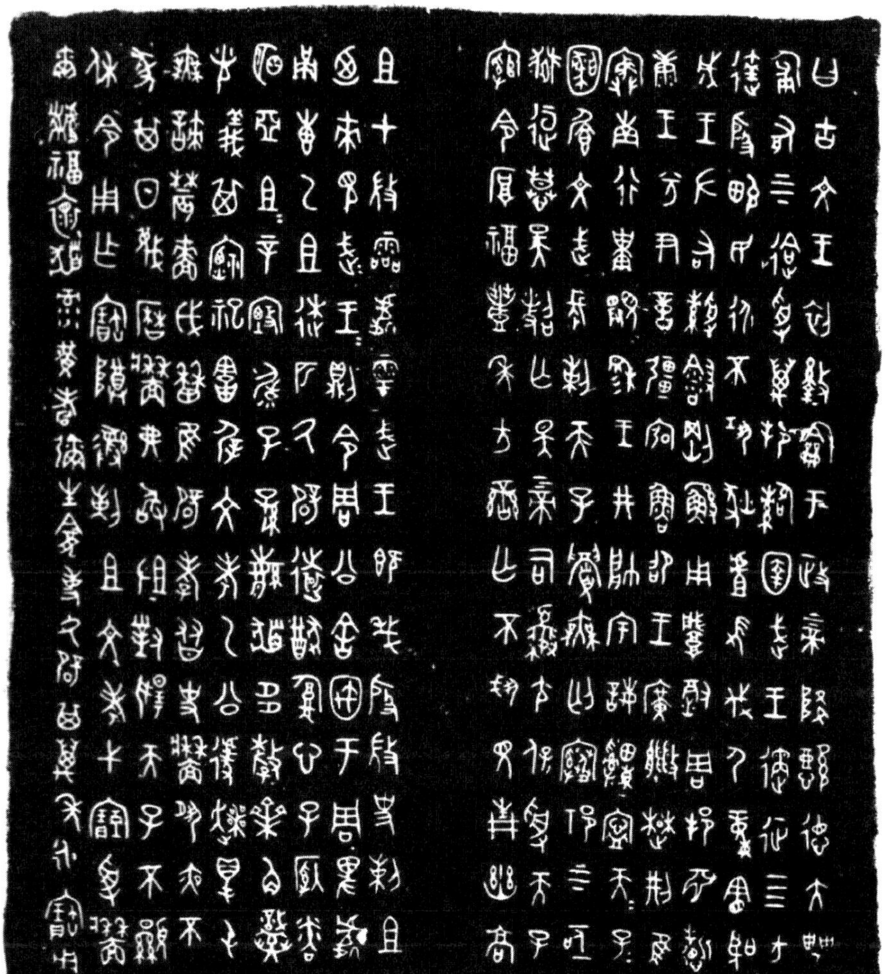

1978 年陝西扶風齊村出土西周屬王時〈訣簋〉（圖 2-4-21），十二行 124
字，是不多見的周天子自銘，祈求皇天上帝「保我家脒位」，「降余多福」。書
法規嚴工整，渾穆遒強。1980 年陝西長安縣出土西周屬王時〈多友鼎〉（圖

2-4-22），二十二行 278 字，記周師追擊玁狁始末，執訊獲首，奪取戰利品甚多，大獲勝利，多友因居功而受賞。結字整飭畫一，書體精美規正，筆勢圓長氣貫，肥筆及大腳消逝，「篆引」筆法嫺熟。

圖 2-4-21　鈇簋

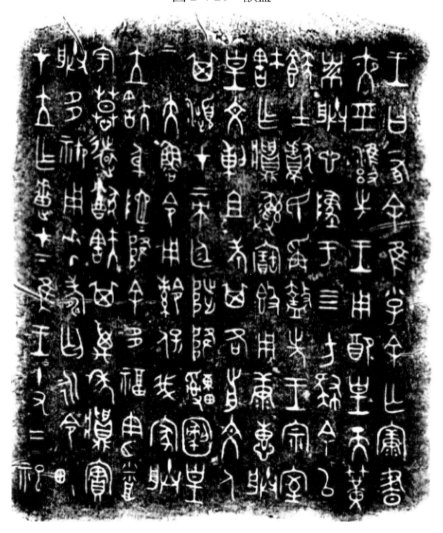

圖 2-4-22　多友鼎

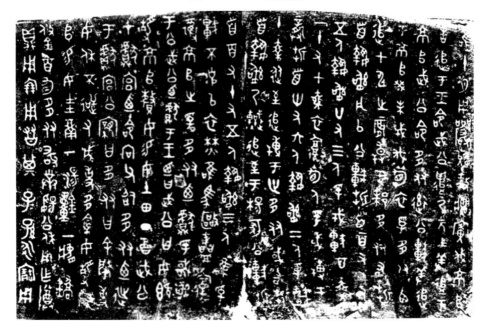

　　2003 年陝西寶雞楊家村出土西周宣王時逨氏重器一批，其中〈四十二年
逨鼎〉大小一套兩件（圖 2-4-23），銘文相同，二十一行 278 字，記宣王命逨
輔助楊侯長父搏伐玁狁的史實；〈四十三年逨鼎〉一套十件（圖 2-4-24），大小
遞減，銘文一致，三十一行 317 字，記宣王命逨職掌「曆人」，告誡其要公正
清廉辦事。其中第九、十號鼎銘前後接為一篇，第三號鼎銘自左而右三段分
書，而行文順序仍舊右讀，殊為別致。尤其是〈逨盤〉（圖 2-4-25），洋洋長篇
二十一行 373 字，概述逨先世列祖事文、武、成、康、昭、穆、共、懿、孝、
夷、厲十一代周先王，時王又命逨職掌「虞林」，賞賜有等，字體矩整圓勁，
筆勢規旋內斂，法度嚴謹，書風靜穆精妙，流逸雋秀。上舉〈史牆盤〉、〈多
友鼎〉、〈逨盤〉等銘，也都堪稱周金大篆新國粹。

　　西周以來，金文書體漸漸脫離甲骨文影響而演化，主要表現在：一、結
字規範整飭，趨於簡明齊正。二、字形圖案化，結體勻整，字勢平穩，間架
矩曲組合對稱。三、書體端莊凝重，渾穆質樸。四、殷金文書法首尾尖細而
中間胖鼓的肥筆、釘頭鼠尾的筆法及大腳減消，線條圓曲、行氣內斂而鋒芒
含蓄的篆法流行。五、用筆勢圓氣長，筆畫粗細勻　，起止處筆鋒逐漸收斂，
收鋒回注的所謂「篆引」筆法走向成熟。

　　昔胡小石曾約略將周金文分類，爲金文的分類奠基。其說如下：

　　　　古金文字派別，約有四涂。其分也，書體、辭例皆可爲之準，
　　而書國與否無論也。一爲殷派。其下筆如楔而方折，是分兩期。
　　文少不過數名，而恆雜圖繢以表意者屬前期。此中每多殷器，欲
　　知夏代文化者，當於是求之矣。文多至十數名，或數十名，而不
　　常雜圖繢者，則率見於殷末。殷虛甲骨其時代，殆與此相當。其
　　文多至數十名，或百名以上者，則率在宗周之初葉。其書猶守前
　　代方勁之風，是屬後期。〈彝〉、大小〈盂鼎〉之屬，皆此期之器。
　　二爲周派。其書溫厚而圓轉，其結體或取從勢，或取衡勢，然使
　　筆多不甚長。此體蓋起於宗周中葉以來，自王朝以至魯、虢、鄭、
　　衛諸同姓之國，與宗周最親者皆介。傳世重器如〈散氏槃〉、〈克
　　鼎〉、〈毛公鼎〉、〈虢季子槃〉、〈不娶敦〉〔註67〕皆屬此，〈石鼓文〉、
　　〈秦公敦〉〔註68〕、〈鄦宗婦鼎〉、〈鄦宗婦壺〉之屬其支與流裔也。
　　其三爲齊派。其四爲楚派。兩者同出於殷，用筆皆纖勁而多長，
　　其結體多取從勢。所異者：齊書寬博，其季也，筆尚平直，而流
　　爲精嚴；楚書流麗，其季也，筆多冤曲，而流爲奇詭。兩者蓋又
　　各有其前後期矣。〔註69〕
其中文中所云「〈石鼓文〉、〈秦公敦〉、〈鄦宗婦鼎〉、〈鄦宗婦壺〉」者，已屬春
秋時期文物，須與西周文物有所區隔。〔註70〕

〔註67〕　「不娶敦」，今稱「不娶簋」。
〔註68〕　「秦公敦」，今稱「秦公簋」。
〔註69〕　胡小石：〈齊楚古金表〉。見胡小石：《胡小石論文集》，（上海：上海古籍出版
　　　　社，1982年6月），頁174。案：「鄦宗婦鼎」今稱「宗婦鄦娶鼎」，「鄦宗婦壺」
　　　　今稱「宗婦鄦娶壺」。
〔註70〕　〈石鼓文〉、〈秦公敦〉、〈鄦宗婦鼎〉（宗婦鄦娶鼎）、〈鄦宗婦壺〉（宗婦鄦娶壺）
　　　　屬於春秋以後的文物，其圖版移於下一節。

圖 2-4-23　四十二年逨鼎

圖 2-4-24　四十三年逨鼎

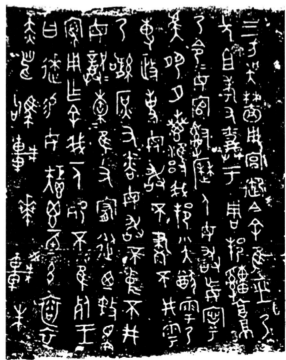

圖 2-4-25　逨盤

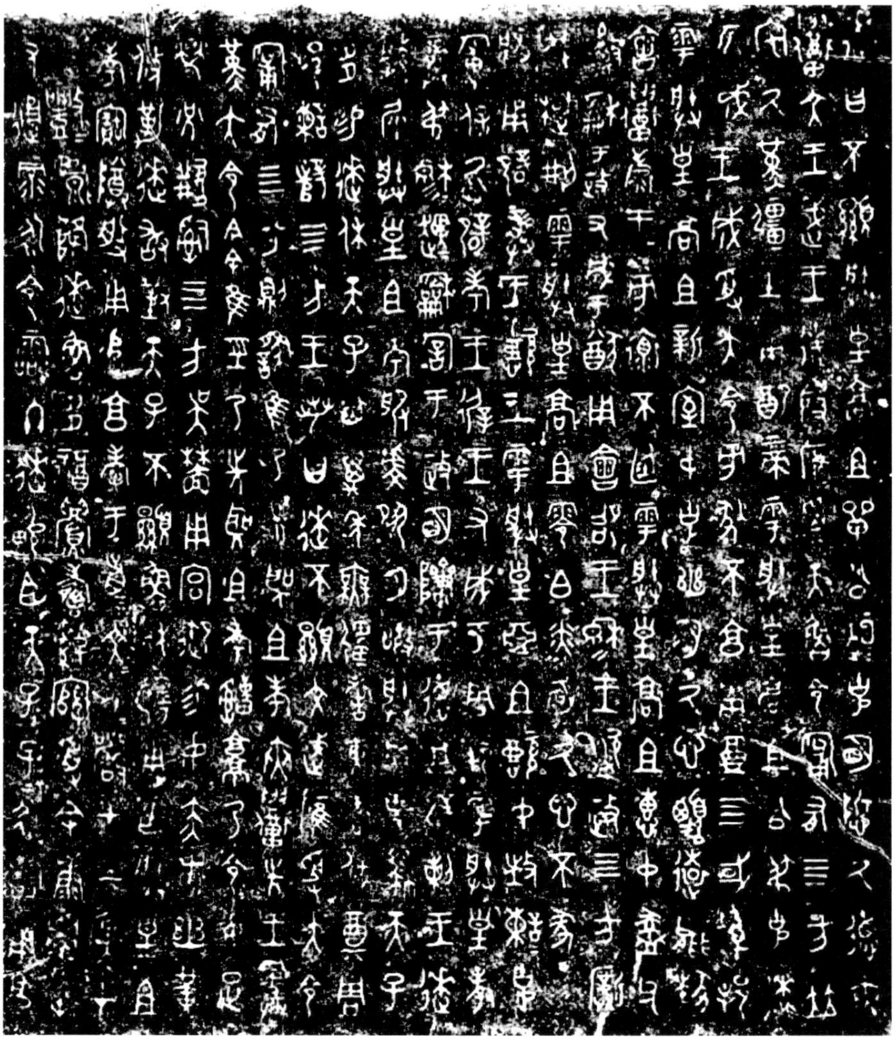

逨盤拓片同样珍景

今在胡氏的基礎上，可將周金文之風格特色分為四類：

一為渾樸凝重、厚古深偉一路，如〈散氏盤〉、〈虢季子白盤〉、〈曶鼎〉（圖 2-4-26）、〈大師盧簋〉（圖 2-4-27）、〈十二年大簋〉（圖 2-4-28）等。

圖 2-4-26 曶鼎

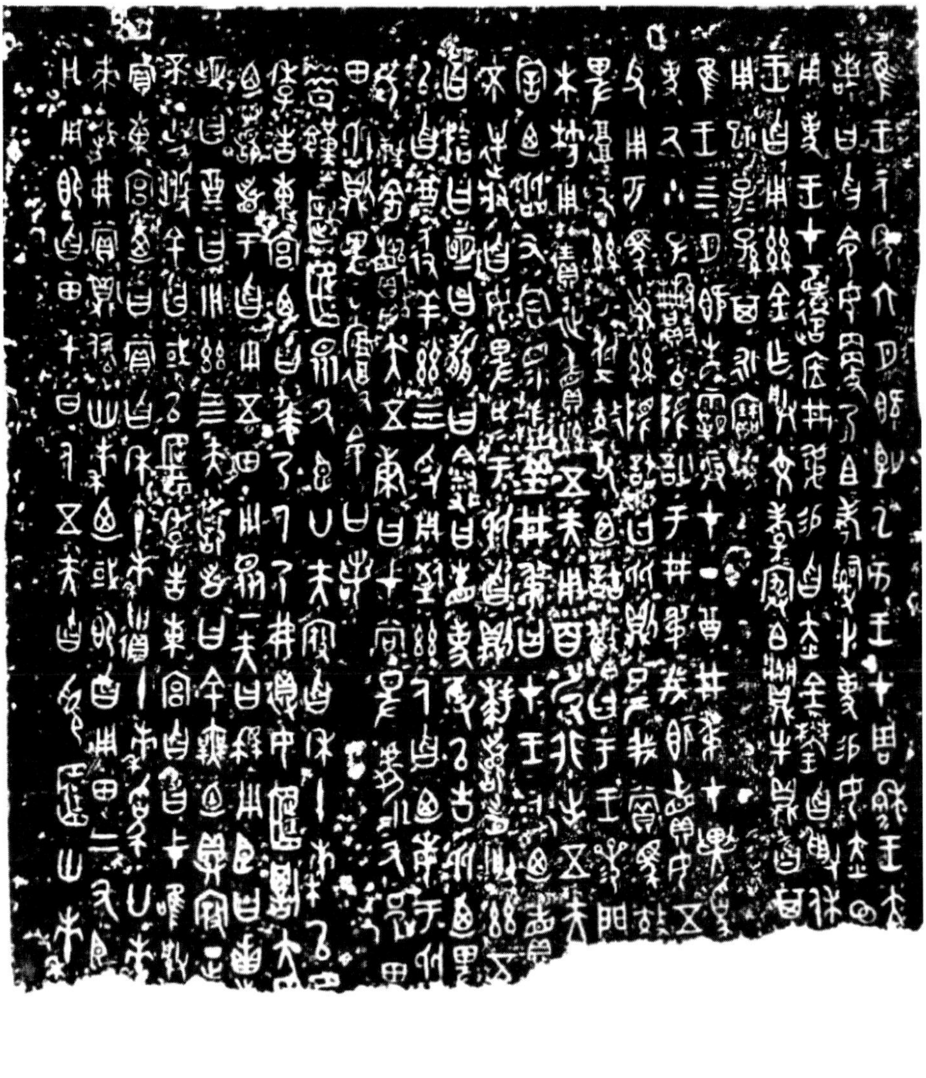

圖 2-4-27　大師盧簋

圖 2-4-28　十二年大簋

二為工嚴渾穆、圓雄臻美一路，如〈史墻盤〉、〈番生簋蓋〉（圖 2-4-29）、〈訇簋〉、〈史頌簋蓋〉（圖 2-4-30）等。

圖 2-4-29　番生簋蓋

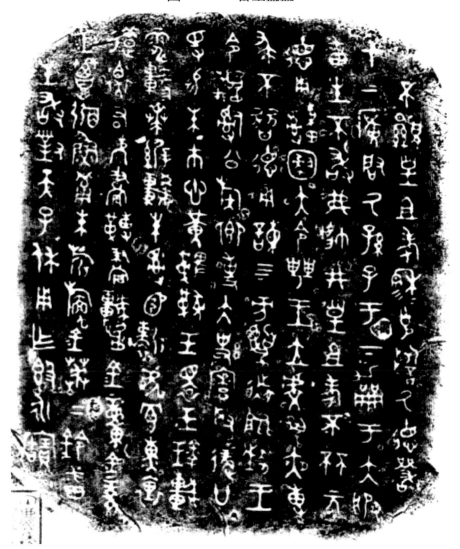

圖 2-4-30　史頌簋蓋

三爲精妙秀雅、流逸雋永一路，如〈毛公鼎〉、〈班簋〉（圖 2-4-31）、〈癲盨〉（圖 2-4-32）、〈頌簋蓋〉（圖 2-4-33）等。

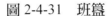

圖 2-4-31　班簋

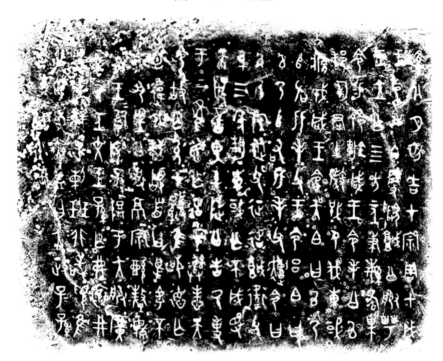

圖 2-4-32　癲盨

圖 2-4-33　頌簋蓋

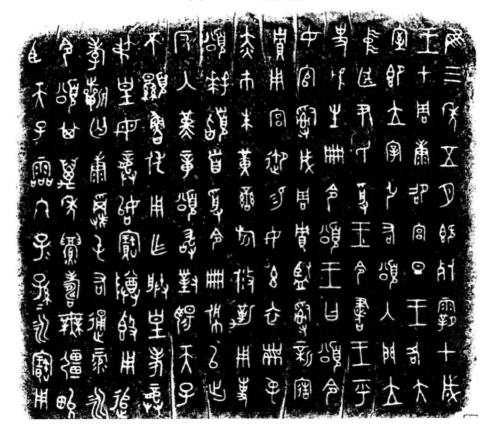

　　四爲清純凝爽、遒秀翹辣一路，如〈大盂鼎〉、〈九年衛鼎〉（圖 2-4-34）、〈五年師旋簋〉（圖 2-4-35）、〈小克鼎〉（圖 2-4-36）、〈大克鼎〉（圖 2-4-37）、〈函皇父簋蓋〉（圖 2-4-38）等。〔註71〕

〔註71〕秋子：《中國上古書法史》，（北京：商務印書館，2000 年 1 月），頁 129～143。

圖 2-4-34　九年衛鼎

圖 2-4-35　五年師旋簋

圖 2-4-36　小克鼎

圖 2-4-37　大克鼎

圖 2-4-38　函皇父簋蓋

第五節　春秋書法的各具風貌

　　東周包括了春秋與戰國前後兩個時期。一般認爲春秋時期始於西元前770 年，是宗周王朝衰落象徵。當時周平王把都城從宗周鎬京東遷成周洛邑，即從今陝西西安遷至河南洛陽。西元前 453 年時，韓、魏、趙三家分晉，是春秋時期結束，也是戰國時期的開始。韓、趙、魏與齊、楚、秦、燕形成七國稱雄的局面，直至西元前 221 年秦國完成兼併六國大業，建立封建一統的秦帝國，戰國時期方告結束。

　　東周時期宗周王權式微，諸侯紛爭，霸權迭興，政由方伯，文化發展多元，造就了書法藝術以金文爲主，兼及簡牘、刻石、玉版書、瓦書、陶書、漆書等形式不一、書體書風異彩紛呈的局面。文字上大體可分爲：黃河中下游東方地區的「齊系」、黃河上游中西部地區的「晉系」和「秦系」、北方地區的燕國的「燕系」，以及江淮流域南方地區的「楚系」等五大分野。〔註72〕特別在進入戰國以降，簡牘書法形式漸日漸普及，與金文書法並駕，還出現了帛書。

　　齊系包括東方地區的齊、魯、燕、邾、杞、紀、倪、莒、任、滕、薛諸國的書法，書體寬博疏朗，用筆細圓健挺，體勢方秀縱長，線條或屈曲款擺。〈齊侯盂〉（圖 2-5-1）、〈公孫壺〉（又稱〈公子土折壺〉）（圖 2-5-2）、〈國差䱷〉（圖 2-5-3）、〈陳喜壺〉（圖 2-5-4）、〈薛仲赤簠〉（圖 2-5-5）等，皆是齊系金文書法的精品。

　　晉系包括中西部地區三晉、虞、虢及北方的中山國。受宗周書風影響較深，書體渾圓婉潤，體勢縱長而稍遜齊系，三晉代表性金文書法有〈晉公盤〉（圖 2-5-6）、〈子犯編鐘〉（圖 2-5-7）、〈趙孟介壺〉（圖 2-5-8）、〈智君子鑒〉（圖 2-5-9）等。中山國的書法，在戰國時期突起而獨具風采，別成一格，運筆果毅暢達，體勢修長纖麗，冷豔勁峭，品調高雅，代表性的有〈中山王譽鼎〉（圖 2-5-10）、〈中山土譽方壺〉（圖 2-5-11）等。還有〈公乘得守丘刻石〉（圖 2-5-12）和中山王墓玉飾品墨書文字，書法特色則顯得質樸拙俗。

〔註72〕見李學勤，〈戰國題銘概述〉（上），《文物》1959 年 7 期，頁 50～54。李學勤，〈戰國題銘概述〉（中），《文物》1959 年 8 期，頁 60～63。李學勤，〈戰國題銘概述〉（下），《文物》1959 年 9 期，頁 58～61。

圖 2-5-1　齊侯盂

圖 2-5-2　公孫壺

圖 2-5-3　國差罐

圖 2-5-4　陳喜壺　　　　　　　　圖 2-5-5　薛仲赤簠

圖 2-5-6　晉公盤

圖 2-5-7　子犯編鐘

圖 2-5-8　趙孟介壺

圖 2-5-9　智君子鑑

圖 2-5-10　中山王譻鼎

圖 2-5-11　中山王響方壺

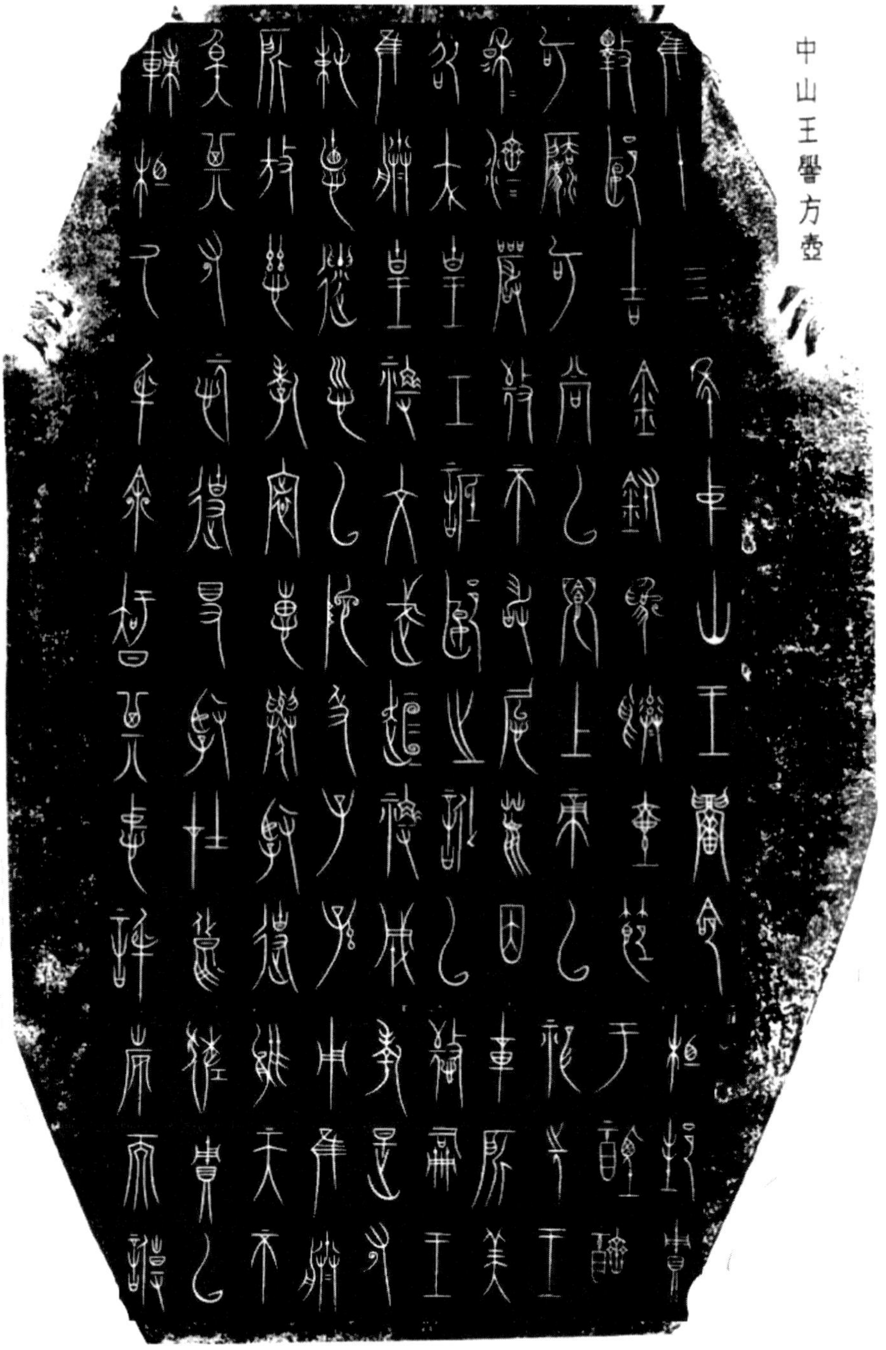

圖 2-5-12　公乘得守丘刻石

　　晉系書法墨跡今日所見主要有《侯馬盟書》（圖 2-5-13）和《溫縣盟書》
（圖 2-5-14）兩批，是玉石片上的朱書、墨書文字，內容爲盟誓載書。據《周
禮‧秋官‧司盟》云：「盟載之法」，鄭玄注：「盟者書其辭於策，殺牲取血，
坎其牲，加書於上而埋之，謂之載書。」〔註73〕《侯馬盟書》1965 年出土於
山西侯馬秦村晉都新田遺址，凡 5000 餘片，爲晉定公 15 年至 23 年間（西元
前 497 年～西元前 489 年）晉卿趙簡子趙鞅與卿大夫之間的盟誓而書於玉片
上的約信文書。《溫縣盟書》出土於河南溫縣東北武德鎮西張計村一帶，在上
世紀三四十年代曾陸續有零星發現，此地原爲沁陽縣屬，故早先稱爲《沁陽
盟書》。1979 年至 1982 年間又有成批出土，均書於石片上，破碎甚多，總數
達上萬片，較完整者 1600 多片，年代在晉定公 15 年（西元前 497 年）前後，
盟誓載書的主人爲春秋晚期晉卿韓簡子韓不信，參盟者有卿大夫、家臣、士
和國人等等。兩批盟書出於多人手筆，書風不一，有的字形修長，圓勁工整，
筆勢穩健，與晉系金文大篆同，也有的字形扁平，字勢橫斜長方不拘，漸開

〔註73〕　（漢）鄭玄注、（唐）賈公彥疏，《周禮》（十三經注疏本），（臺北：藝文印書
　　　　　館，1993 年），頁 541。

早期古隸端緒，用筆率樸恣肆，節奏明快，好用側筆，變曲爲直，迅捷掠出，線條頭粗尾細，提按分明，弧曲收鋒，形似蝌蚪，即西晉衛恆〈四體書勢〉所謂「古文科斗書」。〔註74〕另外近年出土的《清華大學藏戰國竹簡》（參），也屬於三晉系統的墨跡。

圖 2-5-13　侯馬盟書

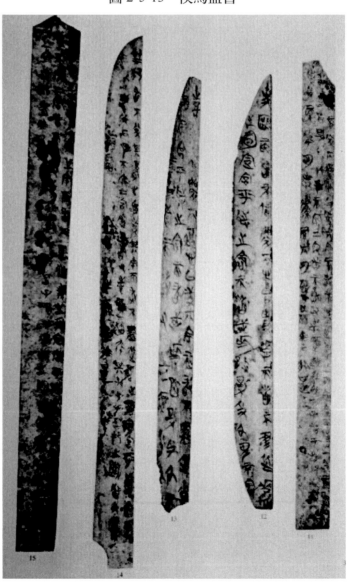

<hr>

〔註74〕　（唐）房玄齡、諸遂良等奉敕撰：《晉書》，（臺北：藝文印書館，1962 年），
　　　　　頁 743～749。

圖 2-5-14　溫縣盟書

　　西部地區的秦系書法，同樣深受宗周書風影響，書體端莊凝重，渾穆質樸，運筆雄強遒通，字形規整而轉折圓潤，結體緊湊雋茂，行款章法雍容舒展，開啓後來小篆之先路。〈秦公鐘〉（圖 2-5-15）、〈秦公簋〉（圖 2-5-16）、〈宗婦郜嬰簋〉（圖 2-5-17）、〈宗婦郜嬰壺〉（圖 2-5-18）等是秦系金文書法的精品。傳世拓本〈石鼓文〉（圖 2-5-19）、〈詛楚文〉（圖 2-5-20）更是久負盛名的秦系碑碣篆書代表性書法作品。

　　西元 1948 年出土於陝西鄠縣的戰國刻銘〈秦封宗邑瓦書〉（圖 2-5-21），正反兩面共九行 121 字，記秦惠文王四年（西元前 334 年）周天子之使向秦國致胙，秦大良造庶長發布命令，封右庶長宗邑，勘定疆界地望。〔註 75〕瓦書爲小篆，字畫塗朱，轉彎多方折，書風質簡樸實，有些字趨於隸化，折射出秦系書體隸變的演進現象。近年上海博物館新入藏〈秦駰禱病玉版〉文字甲、乙兩件（圖 2-5-22），是十分珍貴的秦惠文王或莊襄王時書跡，甲版正面爲契刻文字，反面朱書，乙版正反面皆朱書，內容相同，勻正面六行，反面五行，面版文字相承銜接，約 299 字。甲版書體接近小篆，但帶有隸書意味，如字勢欹斜，左高右低，線條粗細富有變化，蠶頭雁尾的隸書筆法出現。乙版書體爲較規整小篆，筆畫細勁，粗細勻勻，結體端莊。〔註 76〕

　　秦系簡牘書法墨跡考古出土已經不少，有四川的青川《郝家坪秦木牘》；甘肅的天水《放馬灘秦簡》；湖北的雲夢《睡虎地秦簡牘》、雲夢《龍崗秦簡》、江陵《王家臺秦簡》、江陵《揚家山秦簡》、江陵《岳山秦牘》、荊州沙市《周家臺秦簡》；湖南龍山《里耶秦簡》等。總體而言，秦系簡牘書法墨跡具有篆隸兩體混用或隸變要素。如寫於秦武王二年（西元前 309 年）的四川《青川郝家坪秦木牘》，簡稱《青川木牘》，字體篆法隸勢，字形平整工穩，用筆簡率，筆勢變曲爲直，垂引改爲斜出，橫長稍帶波曳，可視爲秦篆向隸體演化中的早期隸書墨跡。湖北雲夢《睡虎地秦簡牘》是秦昭王 29 年至始皇 30 年間（西元前 278 年～西元前 217 年）的墨跡，用筆勁挺圓健，書體爲秦古隸，儘管仍保存有許多秦篆痕跡，隸化特徵卻已較《青川木牘》更爲明顯。

〔註 75〕 參見郭子直：〈戰國秦封宗邑瓦書銘文新釋〉，《古文字研究》第 14 輯，（北京：中華書局，1986 年），頁 177～196。

〔註 76〕 參見曾憲通、楊澤生、肖毅：〈秦駰玉版文字初探〉，《考古與文物》2001 年第 1 期，頁 49～54。又王輝：〈秦曾孫駰告華大山明神文考釋〉，《考古學報》2001 年第 2 期，頁 143～157。

圖 2-5-15　秦公鐘

圖 2-5-16　秦公簋

圖 2-5-17　宗婦郜嬰簋

圖 2-5-18　宗婦郜嬰壺

圖 2-5-19　石鼓文

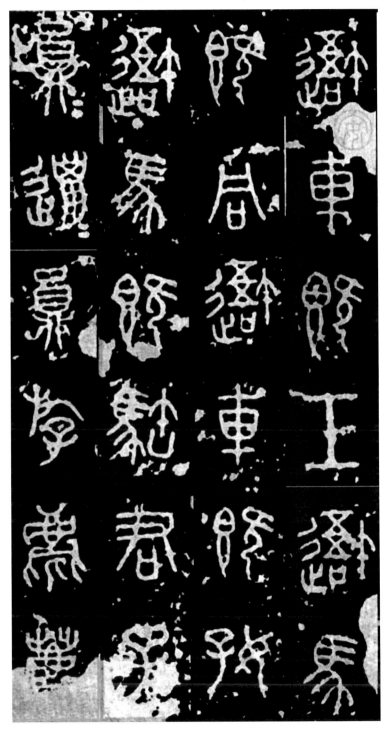

圖 2-5-20　詛楚文

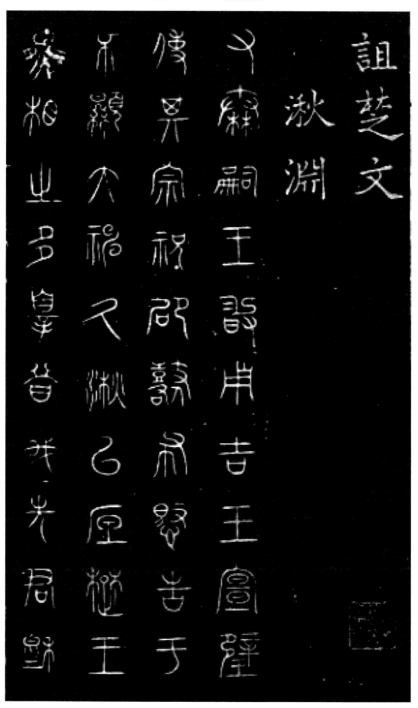

圖 2-5-21　秦封宗邑瓦書

圖 2-5-22　秦駰禱病玉版

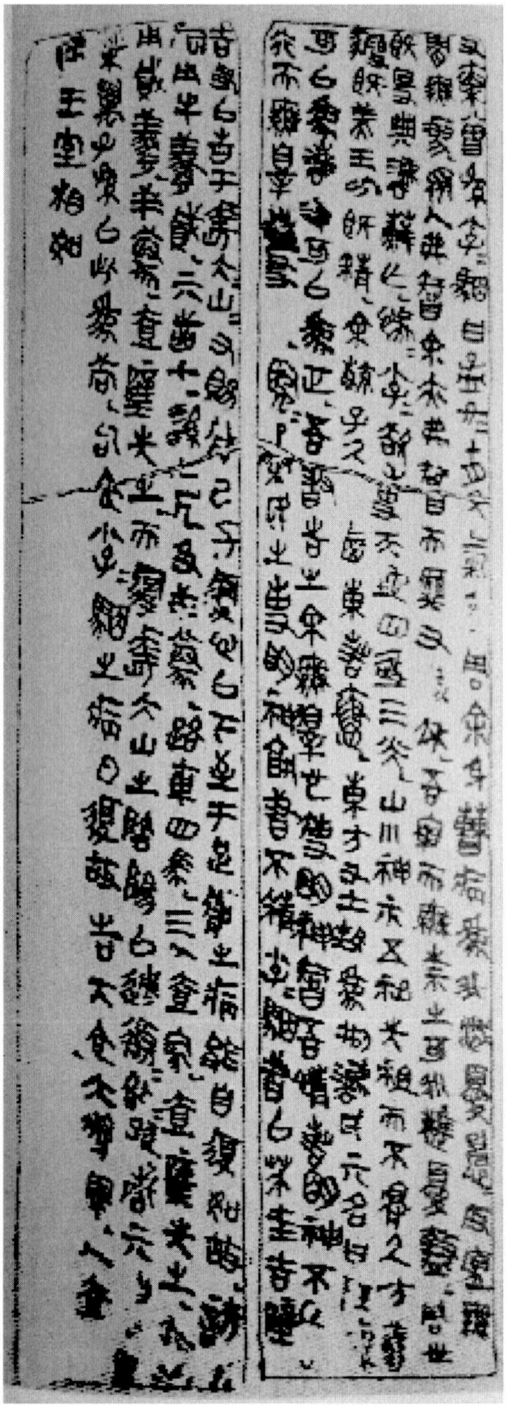

　　南方地區的楚系書法，書風奇詭多姿，體勢修長纖勁，結字工細華麗，布白齊整規矩，其金文書法較著者有楚國的〈欒書缶〉（圖 2-5-23）、〈王子午鼎〉（圖 2-5-24）、〈王子申盞盂〉（圖 2-5-25）、〈王孫遺者鐘〉（圖 2-5-26）、〈鄂君啓車節〉（圖 2-5-27）、曾國的〈曾侯乙鐘〉（圖 2-5-28），許國的〈鄦子妝簠蓋〉（圖 2-5-29），越國的〈姑馮昏同之子句鑃〉（圖 2-5-30），以及〈吳王光鑑〉（圖 2-5-31）、〈吳王夫差鑑〉（圖 2-5-32）、〈徐王義楚觶〉（圖 2-5-33）、〈蔡侯盤〉（圖 2-5-34）等。石器文字有〈行氣銘玉刻〉（圖 2-5-35）

　　楚系書法墨跡地下出土比較多，如湖北的隨縣《曾侯乙墓簡》、江陵《望山楚簡》、江陵《藤店楚簡》、江陵《天星觀楚簡》、江陵《九店楚簡》、江陵《秦家嘴楚簡》、江陵《磚瓦廠楚簡》、荊門《包山楚簡》、荊門《郭店楚簡》；河南的信陽《長臺關楚簡》、新蔡《葛陵楚簡》；湖南的長沙《子彈庫帛書》、長沙《五里牌楚簡》、長沙《仰天湖楚簡》、長沙《楊家灣楚簡》、臨澧《九里楚簡》、常德《常山夕陽坡楚簡》、慈利《石板村楚簡》；出土地點不詳的《上海博物館藏戰國楚竹書》和《清華大學藏戰國竹簡》等。楚系古文書跡，結體寬博奇逸，欹側勢譎，線條圓潤恣肆，提按開闔氣長，滲透着奧邃的書法藝術情趣。

圖 2-5-23　欒書缶

圖 2-5-24　王子午鼎

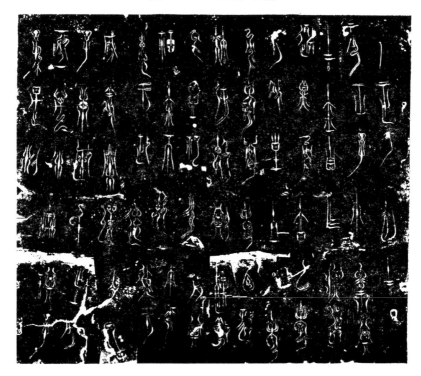

圖 2-5-25　王子申盞盂

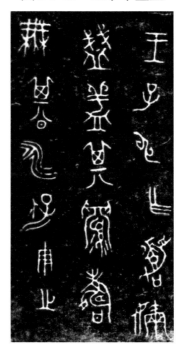

圖 2-5-26　王孫遺者鐘

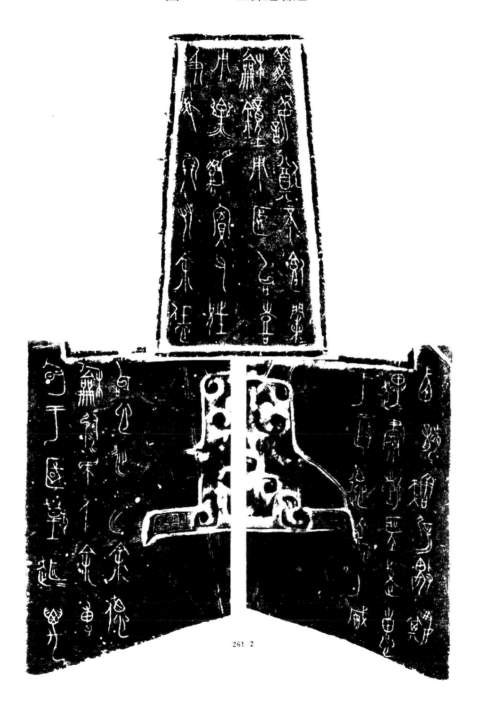

圖 2-5-27　鄂君啟車節

圖 2-5-28　曾侯乙鐘

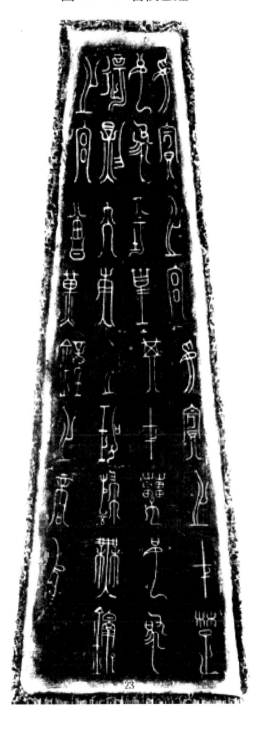

圖 2-5-29　鄦子妝簠蓋

圖 2-5-30　姑馮昏同之子句鑃

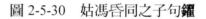

圖 2-5-31　吳王光鑑

圖 2-5-32　吳王夫差鑑

圖 2-5-33　徐王義楚觶

圖 2-5-34　蔡侯盤

圖 2-5-35　行氣銘玉刻

從春秋晚期到戰國初期江淮流域南方地區楚、吳、越、曾、蔡、宋、徐、郚、番諸國，伴隨青銅器錯金技藝的提高，還出現一種狹長而筆畫蜿蜒的具有圖案化文飾特色的藝術花體書體，稱爲「鳥蟲書」，又稱鳥書、鳥篆、蟲書等，以鳥形爲飾筆者居多，也有字形中鑲嵌鳳、龍、獸、蟲之類繁簡不一的動物裝飾構件者，〔註77〕形成楚系書體的一大分支，前後流行約 150 年左右。鳥蟲書較早者，如〈王子孜戈〉（圖 2-5-36），約當西元前 526 年以前器。晚者如〈宋公得戈〉（圖 2-5-37）、〈子賏戈〉（圖 2-5-38），年代已在西元前 450 年至西元前 404 年之間。

圖 2-5-36　王子孜戈

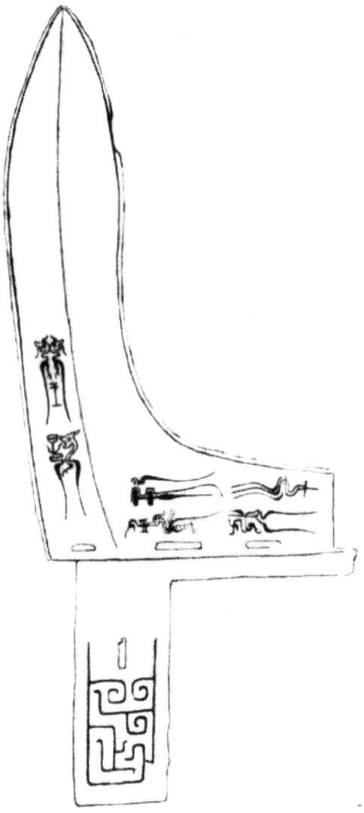

圖 2-5-37　宋公得戈

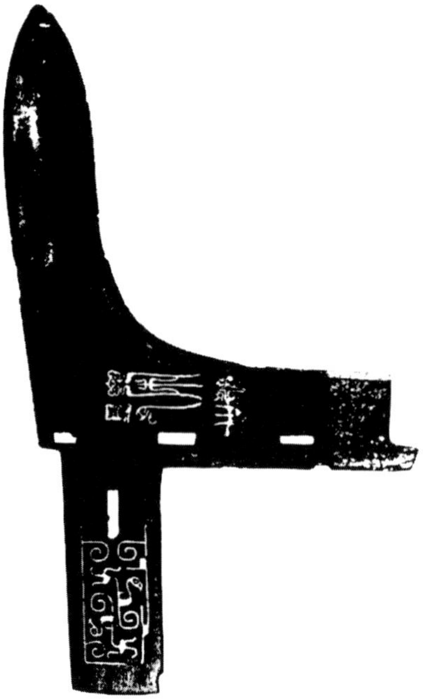

〔註77〕參見容庚：〈鳥書考〉，《中山大學學報》，1964 年第一期，頁 57～91。又曹錦炎：《鳥蟲書通考》，（上海：上海古籍出版社，1999 年 6 月）。嚴志斌：〈鳥書構形簡論〉，《江漢考古》2001 年第 2 期，頁 35～37。

圖 2-5-38　子睸戈

　　而在北方中原地區以三晉爲中心，出現了一種筆畫中肥端銳、形似蝌蚪的藝術書體，是別成一格的所謂「蟲書」。及秦漢以降，猶時有所見。秦漢以降的鳥蟲書，較著者如西元 1968 年河北省滿城西漢中山靖王劉勝墓中出土的 44 字及 31 字兩件錯金銀鳥蟲書銅壺（圖 2-5-39），〔註78〕以及上海博物館藏西漢錯金銀 29 字鳥蟲書銅壺，〔註79〕書體極爲華美雅致。馬國權指出，鳥蟲書的特點，「每字的基本筆畫，皆用迴環曲折的雙線寫成，它取姿於篆，而又有所變化，在這些基本筆畫之上，附加了許多像是鳥頭，又象變形雲氣的字外筆道作爲裝飾，以使字的任何部分都婉轉奇麗，茂密有致。」〔註80〕

〔註78〕甲壺見中國青銅器全集編輯委員會：《中國青銅器全集 12・秦漢》，圖版 56，（北京：文物出版社，1998 年 12 月）。乙壺見《中國美術全集・青銅器》（下），圖版 200，（北京：文物出版社，1986 年 7 月）。又張振林：〈中山靖王鳥篆壺銘之韻讀〉，《古文字研究》第 1 輯，（北京：中華書局，1979 年），頁 157～174。

〔註79〕中國文物精華編輯委員會：《中國文物精華》，（北京：文物出版社，1993 年 8 月），圖版 89。

〔註80〕參見馬國權：〈鳥蟲書論稿〉，《古文字研究》第 10 輯，（北京：中華書局，1983 年），頁 139～176。

圖 2-5-39　滿城漢墓鳥蟲書銅壺蓋

譯文：爲荃蓋，錯書之，有言三，甫金穌

　　春秋戰國時期書法的總體風貌，是在列國文化發展的多元氛圍中，造就了自西周以來發展脈絡延續不斷的典型大篆書法藝術的大有變化，大有創新，演繹出書法形式的豐富多樣與地域間書體書風的異彩紛呈，其中值得注意的，是書體構形演變中出現的俗化與雅化兩分趨勢，俗化表像主要顯現是字形簡化趨向與隸變要素，以及篆隸兩體混用現象在世俗社會逐漸普及流行，雅化則主要表現在某些社會階層中文字使用有裝飾美化的極力藝術追求。這一書法藝術的變新態勢至秦漢仍在持續進行中。

第六節　戰國與秦漢書跡的紛呈多樣

　　春秋戰國時期的「六國古文」異彩紛呈，面貌多樣。在秦帝國一統後，爲了政令宣導之便，而有了「書同文」的整理規範，其標準爲「罷其不與秦文合者」，在全國頒行一套較爲標準的書體「小篆」。〔註81〕但隨着文字廣泛

〔註81〕　東漢許慎《說文解字‧敍》對此有記述云：「及宣王太史籀著《大篆》十五篇，與古文或異。……其後諸侯力政，不統於王，惡禮樂之害己而皆去其典籍，分爲七國，田疇異晦，車塗異軌，律令異法，衣冠異制，言語異聲，文字異形。秦始皇帝初兼天下，丞相李斯乃秦同之，罷其不與秦文合者，斯作〈倉頡篇〉，

的應用和人們對書法審美情趣的蘊育有加,「應時諭指,用於卒迫,兼功幷用,愛日省力,純儉之變,豈必古式」〔註82〕,自戰國中晚期就漸漸產生了一種帶有古篆隸化意味的書體。以其結字簡約、筆畫方折、書寫便捷、識讀容易,也在秦漢之際時代變革的歷史潮流中與時俱化,被翻新成所謂「隸書」和「草隸」,得到官方認可而在民間社會間流通使用開來,程邈就是重要的整理者。除秦小篆、秦隸和草隸三種主流書體外,當時還有一批特殊用途的書體也在推陳出新,形成所謂「秦書八體」;後至西漢末葉王莽時代,又演繹出所謂「新莽六體」。

一、從秦書八體到新莽六體

　　《漢書・藝文志》著錄有《八體六技》的字書,是當時講「秦書八體」和「新莽六體」的專著。

（一）「八體」與「六體」的內容
　　「秦書八體」的內容為何呢?許慎說:

　　　　自爾秦書有八體:一曰大篆,二曰小篆,三曰刻符,四曰蟲書,
　　五曰摹印,六曰署書,七曰殳書,八曰隸書。〔註83〕

又韋昭云:

　　　　八體:一曰大篆,二曰小篆,三曰刻符,四曰蟲書,五曰摹印,
　　六曰署書,七曰殳書,八曰隸書。〔註84〕

所以「秦書八體」就是大篆、小篆、刻符、蟲書、摹印、署書、殳書、隸書無疑。

　　而「新莽六體」又有哪些呢?許慎說:

　　　　及亡新居攝,使大司空甄豐等校文書之部,自以為應制作,頗
　　改定古文,時有六書:一曰古文,孔子壁中書也;二曰奇字,即古
　　文而異者也;三曰篆書,即小篆,秦始皇帝使下杜人程邈所作也;

　　　　中車府令趙高作〈爰歷篇〉,太史令胡毋敬作〈博學篇〉,皆取《史籀》大篆,
　　或頗省改,所謂小篆者也。」見(漢)許慎撰、(清)段玉裁注:《說文解字注》
　　(經韻樓藏版),(臺北:洪葉文化事業股份有限公司,2001 年),頁 765。
〔註82〕《晉書》卷三十六〈衛瓘列傳〉引漢末崔瑗〈草書勢〉,見(唐)房玄齡、褚
　　遂良等奉敕:《晉書》,(臺北:藝文印書館,1962 年)頁 743~745。
〔註83〕(漢)許慎撰、(清)段玉裁注:《說文解字注》(經韻樓藏版),頁 766~767。
〔註84〕(漢)班固撰、(唐)顏師古注:《漢書・藝文志》,(北京:中華書局,1962
　　年),頁 1720。

四曰佐書，即秦隸書；五曰繆篆，所以摹印也；六曰鳥蟲書，所以
書幡信也。〔註85〕

唐孔穎達也有類似的話：

> 亡新居攝，以應製作，改定古文，使甄豐校定，時有六書：一
> 曰古文，孔子壁內書也；二曰奇字，即古字有異者；三曰篆書，即小
> 篆，下杜人程邈所作也；四曰佐書，秦隸書也；五曰繆篆，所以摹印
> 也；六曰鳥蟲書，所以書幡信也。由此而論，即秦罷古文而有八體，
> 非古文矣。以至亡新六書並八體，亦用書之六體以造其字。其亡新六
> 書於秦八體，用其小篆、蟲書、摹印、隸書，去其大篆、刻符、殳書、
> 署書，而加以古文與奇字，其刻符及署書蓋同摹印，殳書同於繆篆，
> 大篆正古文之別，以慕古故乃用古文與奇字而不用大篆也。〔註86〕

唐顏師古也說：

> 古文謂孔子壁中書；奇字即古文而異者也；篆書謂小篆，蓋秦
> 始皇使程邈所作也；隸書亦程邈所獻，主於徒隸，從簡易也；繆篆
> 謂其文屈曲纏繞，所以摹印章也；蟲書謂爲蟲鳥之形，所以書幡信
> 也。〔註87〕

宋王應麟云：

> 六體乃新莽之制。……六技者，疑即亡新六書。〔註88〕

因此，所謂「新莽六體」，是指古文、奇字、小篆、隸書、繆篆、鳥蟲書等六
種書體。

這裡須說明程邈與小篆的關係。許慎說：

> 始皇帝初兼天下，丞相李斯乃奏，同之罷其不與秦文合者，斯
> 作〈倉頡篇〉，中車府令趙高作〈爰歷篇〉，大史令胡毋敬作〈博學
> 篇〉，皆取史籀大篆，或頗省改。〔註89〕

〔註85〕　（漢）許慎撰、（清）段玉裁注，《說文解字注》（經韻樓藏版），（臺北：洪葉
文化事業股份有限公司，2001 年），頁 766～767。

〔註86〕　（漢）孔安國傳、（唐）孔穎達疏：《尚書》（十三經注疏本），（臺北：藝文印
書館，1993），頁 11。

〔註87〕　（漢）班固撰、（唐）顏師古注：《漢書・藝文志》，（北京：中華書局，1962
年），頁 1722。

〔註88〕　（宋）王應麟撰：《漢書藝文志考證》卷四，見《景印文淵閣四庫全書・史部》，
（臺北：臺灣商務印書館，1986 年），頁 20～22。

〔註89〕　（漢）許慎撰、（清）段玉裁注，《說文解字注》（經韻樓藏版），頁 765。

許慎又說：

　　（三曰）篆書，即小篆，秦始皇帝使下杜人程邈所作也。〔註90〕

姑且不論程邈是否參與小篆的改造，至少孔穎達與顏師古都是這樣抄錄的，可見這樣的說法也有一段時間了。然而這與程邈作隸書之說，似有違背。其中「秦始皇帝使下杜人程邈所作也」一句，段注以爲當移至「（四曰）佐書，秦隸書也」之下。〔註91〕筆者亦以爲「秦始皇帝使下杜人程邈所作也」不當出現於此，此段文字之前所述的李斯、趙高、胡毋敬三人作「三倉」，就文字的整理上，較爲合理。程邈爲衙獄吏，因得罪而幽繫雲陽，所獻之書體稱「隸書」，名實恰當。

　　大篆（圖2-6-1）屬「秦書八體」之一，是西周以來規範化、標準化的篆書體，與戰國時六國古文蝌蚪異，東漢許慎《說文解字・敘》說周宣王時「太史籀著《大篆》十五篇，與古文或異」。〔註92〕太史籀所著字書《大篆》，當本之西周以來的金文篆書體，故也稱「籀書」。故「大篆」一詞，本來是指籀文這一類時代早於小篆而作風跟小篆相近的古文字而言的。但是現代研究文字學的人使用「大篆」這個名稱的情況比較混亂，故大篆來稱呼西周書法與春秋戰國時期的秦國文字，所跨越的年代很長，對於籀文與大篆之間的差異也沒有明確的說明。因此，現在像這麼籠統的說法，應該要避免。〔註93〕

　　小篆，指秦始皇兼併天下，「書同文」，刪訂不合秦篆的六國古文，李斯作〈倉頡篇〉，趙高作〈爰歷篇〉，胡毋敬作〈博學篇〉，合稱「三倉」，「皆取史籀大篆，或頗省改，所謂小篆者也。」

　　蟲書，「新莽六體」稱之爲鳥蟲書，是一種來自南方楚國的裝飾字體。〔註94〕

〔註90〕（漢）許慎撰、（清）段玉裁注，《說文解字注》（經韻樓藏版），頁768。
〔註91〕（漢）許慎撰、（清）段玉裁注，《說文解字注》（經韻樓藏版），（臺北：洪葉文化事業股份有限公司，2001年），頁768～769。
〔註92〕（漢）許慎撰、（清）段玉裁注，《說文解字注》（經韻樓藏版），頁764。
〔註93〕裘錫圭就說：「有人用大篆概括早於小篆的所有古文字（古人也有這樣用的），有人稱西周晚期金文和石鼓文等爲大篆是（這也是比較舊的辦法，由於石鼓有些字的寫法跟籀文相合，過去很多人把它看作周宣王時的刻石），有人根據王國維的說法把春秋戰國時代的秦國文字稱爲大篆，唐蘭先生則按照他自己的觀點把『春秋時到戰國初期的文字』稱爲大篆。爲了避免誤解，最好乾脆不要用這個名稱。」見裘錫圭：《文字學概要》（修訂本），（北京：商務印書館，2013年7月），頁57。
〔註94〕關於鳥蟲書的介紹，詳見本論文第四章第一節。

圖 2-6-1　石鼓文

　　刻符，指書刻於符信的書體。字形接近小篆，結字則方正整飭，線條平直厚潤，骨勁肉豐，以竹、木、銅、玉、金爲載體，中剖兩分，各執其半以便驗證，多用於軍事用途。如〈新郪虎符〉（圖 2-6-2）、〈杜虎符〉（圖 2-6-3）、〈陽陵虎符〉（圖 2-6-4）之類。

圖 2-6-2　新郪虎符

圖 2-6-3　杜虎符

圖 2-6-4　陽陵虎符

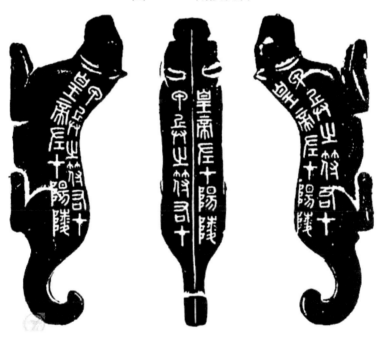

　　摹印，即「新莽六體」說的繆篆，屈曲纏密，見於秦漢時璽文，是一種以小篆爲主兼雜隸勢且隨璽印賦形的書體。爲了塡滿印面，筆畫少的文字，多以盤曲線條方式來處理。

　　署書，用於封緘、牌匾、題榜。通常爲粗大字體的小篆。當時日常使用的字不大，這種必須寫大的文字，就要有比較特殊的書寫方式，讓人遠遠就能看清楚。

　　殳書，勒於兵器，字形質樸，筆法介於篆隸之間，通常屬於草篆款識，

如〈商鞅鐵〉、〈相邦呂不韋戟銘〉之類。多半是兵器鑄好才刻，文字小而線條細緻，隸書，據說爲秦獄吏程邈所創，現在多以爲程邈所整理。

在秦書八體中，較流行的是小篆和隸書。一般而言，隆重場合如宗廟祭祀或政府公告多用小篆（圖 2-6-5），其他場合常用隸書。其他六體並非有六種字體，而是據用途和書寫載體而別立門類，較強調其功能性。

圖 2-6-5　秦詔版

（二）「八體」與「六體」的使用概況

「秦書八體」和「新莽六體」在秦漢時期的沿演使用情況，東漢許慎《說文解字・敘》有其概要介紹：

自爾秦書有八體：一曰大篆，二曰小篆，三曰刻符，四曰蟲
書，五曰摹印，六曰署書，七曰殳書，八曰隸書。漢興有艸書。《尉
律》：學僮十七已上始試，諷籀書九千字，乃得爲吏。又以八體試
之，郡移太史並課，最者以爲尚書史。書或不正，輒舉劾之。……
及亡新居攝，使大司空甄豐等校文書之部，自以爲應制作，頗改定
古文，時有六書：一曰古文，孔子壁中書也；二曰奇字，即古文而
異者也；三曰篆書，即小篆，秦始皇帝使下杜人程邈所作也；四曰
佐書，即秦隸書；五曰繆篆，所以摹印也；六曰鳥蟲書，所以書幡
信也。〔註95〕

許慎講述了西漢《尉律》規定學童 17 歲以上始可參加課試，能背誦籀書
9000 字者，可舉薦爲吏。又若能通過「秦書八體」考試者，由郡上報太史進
行複試，最優秀者可獲得尚書書史之類的書記官職位，但若書跡不正，一經
舉發查實，必遭罪劾。《漢書·藝文志》也云：

漢興，蕭何草律，亦著其法曰：「太史試學童，能諷書九千字
以上，乃得爲史。又以六體試之，課最者以爲尚書御史史書令史。
吏民上書，字或不正，輒舉劾。」六體者，古文、奇字、篆書、隸
書、繆篆、蟲書，皆所以通知古今文字。〔註96〕

湖北江陵張家山 247 號漢墓出土西漢呂后時律令簡《史律》也有類似的
律文：

史、卜：子年十七歲學。史、卜學童學三歲，學佴將詣大史、
大卜、大祝，郡史學童詣其守，皆會八月朔日試之。（簡 474）試史：
學童以十五篇，能風（諷）書五千字以上，乃得爲史。有（又）以
八膿（體）試之（簡 475），郡移其八膿（體）課大史，大史誦課，
取冣（最）一人以爲縣令史。（簡 476）〔註97〕

〔卜：學〕能風（諷）書史書三千字，誦卜書三千字，卜六發
中一以上，乃得爲卜，以爲官□。」（簡 477）〔註98〕

〔註95〕（漢）許慎撰、（清）段玉裁注，《說文解字注》（經韻樓藏版），（臺北：洪葉
文化事業股份有限公司，2001 年），頁 766～767。

〔註96〕（漢）班固撰、（唐）顏師古注：《漢書·藝文志》，（北京：中華書局，1962
年），頁 1720～1721。

〔註97〕張家山二四七號漢墓竹簡整理小組：《張家山漢墓竹簡》（釋文修訂本），（北
京：文物出版社，2006 年 5 月），頁 80。

〔註98〕張家山二四七號漢墓竹簡整理小組：《張家山漢墓竹簡》（釋文修訂本），頁 80

　　《史律》規定，學童 17 歲以上通過能背誦十五篇中 5000 字或背誦史書 3000 字的考試，可獲得史、卜、縣令史的職位。在漢代社會，十分重視學童的讀書知律識字和書法教育，甚至邊陲地區也不例外，官方常常以「能書知律令」作爲吏職人才考核、薦舉的重要條件，居延出土漢簡中就不乏有這類內容的籍簿冊，如：

　　　　肩水候官並山隧長公乘司馬成，中勞二歲八月十四日，能書，會計，治官民，頗知律令，武，年卅二歲，長七尺五寸，鱳得成漢里，家去官六百里。(《居延漢簡甲編》114：13.7。圖 2-6-6)〔註 99〕

　　　　肩水候官始安隧長許宗，功一勞一中除十五日，能書，會計，治官民，頗知律令，文，年卅六，長七尺二寸，鱳得千秋里，家去官六百里。(《居延漢簡甲乙編》782：37.57)〔註 100〕

　　　　▨平日，能書、會計、治官民，頗知律令，文，年五十一歲，長七尺五寸，□□□里，家去官千六十三里□□□□和百▨。(《居延漢簡甲乙編》1079：49.9)〔註 101〕

　　　　張掖居延甲渠塞有秩士吏公乘段尊，中勞一歲八月廿日，能書、會計、治官民，頗知律令，文。(《居延漢簡甲乙編》1309：57.6)〔註 102〕

　　　　▨候官窮虜隧長簪裊單立，中功五勞，三月，能書，會計，治官民，頗知律令，文，年卅歲，長七尺五寸，應令居延中宿里，家去官七十五里，屬居延部。(《居延漢簡甲乙編》2163：89.24)〔註 103〕

　　　　肩水候官執胡隧長公大夫奚路人，中勞三歲一月，能書，會計，治官民，頗知律令，文，年卅七歲，長七尺五寸，氏池宜藥里，家去官六百五十里。(《居延漢簡甲編》1014：179.4。圖 2-6-7)〔註 104〕

〜81。
〔註 99〕中國社會科學院考古研究所編輯：《居延漢簡甲乙編》(下冊)，(北京：中華書局，1980 年 12 月)，頁 9。
〔註 100〕參見中國社會科學院考古研究所編輯：《居延漢簡甲乙編》(下冊)，頁 25。
〔註 101〕中國社會科學院考古研究所編輯：《居延漢簡甲乙編》(下冊)，頁 34。
〔註 102〕中國社會科學院考古研究所編輯：《居延漢簡甲乙編》(下冊)，頁 41。
〔註 103〕中國社會科學院考古研究所編輯：《居延漢簡甲乙編》(下冊)，頁 66。
〔註 104〕中國社會科學院考古研究所編輯：《居延漢簡甲乙編》(下冊)，頁 122。

　　書佐觻得萬年里趙通，已得代奉，正月辛未除見，有父見□，
年廿三，長七尺四寸，能書，會計，治……畜馬一匹。(《居延漢簡
甲編》1094：192.25)〔註105〕

　　□和候長公乘蓬士長當，中勞三歲六月五日，能書，會計，治
官民，頗知律令，武，年卅七□，長七尺六寸□。(《居延漢簡甲編》
2359：562.2)〔註106〕

上引簡文說明，漢代西部邊陲地區也實行把「能書，會計，治官民，頗知律
令，文」或「能書，會計，治官民，頗知律令，武」，作爲文職和武職官員的
吏能考核選拔的內容。

圖2-6-6　居延武吏「能書」籍簿簡

〔註105〕中國社會科學院考古研究所編輯：《居延漢簡甲乙編》（下冊），頁130。
〔註106〕中國社會科學院考古研究所編輯：《居延漢簡甲乙編》（下冊），頁282。

圖 2-6-7　居延文吏「能書」籍簿簡

　　西元 1977 年甘肅玉門花海烽燧遺址出土西漢中期木觚一枚，呈七面菱柱形，有墨書文字 212 字，分前後兩部分，前半部分爲抄錄武帝制詔，後半部分抄私信，書體分隸，此係戍卒小吏習字之作，書寫認眞，一絲不苟。木觚是用木棍削成的多面柱形，製作比簡牘容易，一般用於臨摹習字，可以反覆刮削使用，由此可知，「能書」成了當時文武職官吏日常修習的功課。在重視「能書」，以讀書識字、擅長書法作爲量才錄用重要條件的官場氛圍中，當然也造就了漢代書法人才輩出的局面。

（三）後世對「八體」與「六體」的評述

　　後世有關「八體」與「六體」的看法，以衛恆的〈書勢〉最具代表性。衛恆〈四體書勢〉一文，見於《晉書·衛瓘傳》。〈衛瓘傳〉中錄有其子衛恆

〈書勢〉一文，對「秦書八體」和「新莽六體」在秦漢時期的沿革演變、當時書法藝術的繁盛、眾多書法高手的師承關係與書藝品位的高下，有扼要評述：

> 自秦壞古文，有八體：一曰大篆，二曰小篆，三曰刻符，四曰蟲書，五曰摹印，六曰署書，七曰殳書，八曰隸書。王莽時使司空甄豐校文字部，改定古文，復有六書：一曰古文，即孔子壁中書也；二曰奇字，即古文而異者也；三曰篆書，即秦篆書也；四曰佐書，即隸書也；五曰繆篆，所以摹印也；六曰鳥書，所以書幡信也。及漢祭酒許慎撰《說文》，用篆書爲正，以爲體例，最新可得而論也。

> 秦時李斯，號爲工篆，諸山（圖 2-6-8）及銅人銘，皆斯書也。漢建初中，扶風曹喜善篆，小異於斯，而亦稱善。邯鄲淳師焉，畧究其妙。韋誕師淳而不及也。太和中，誕爲武都太守，以能書留補侍中，魏氏寶器銘題，皆誕書也。漢末，又有蔡邕爲侍中郎將，善篆（圖 2-6-9），採斯、喜之法，爲古今雜形，然精密閑理不如淳也。……

> 秦既用篆，奏事繁多，篆事難成，即令隸人佐書曰隸字。漢因用之，獨符璽、幡信、題署，用篆隸者，篆之捷也。上谷王次仲始作楷法，至靈帝好書，時多能者。……

> 漢興而有草書，不知作者姓名。至章帝時齊相杜伯度，又號稱善作。後有崔瑗、崔寔，亦皆稱工。杜氏殺字甚安而書體微瘦，崔氏甚得筆勢而結字小疎。弘農張伯英者，因而轉精其巧，凡家之衣帛，必書而後練之，臨池學書，池水盡墨，下筆必爲楷則，常曰：匆匆不暇草書。寸紙不見遺，至今世尤寶其書，韋仲將謂之草聖。伯英弟文舒者，次伯英。又有姜孟穎、梁孔達、田彥和及韋仲將之徒，皆伯英弟子，有名於世，然殊不及文舒也。羅叔景、趙元嗣者，與伯英同時見稱於西京，而矜巧自與，眾頗惑之，故伯英自稱上比崔、杜不足，下方羅、趙有餘。河間張超亦有名，雖然與崔氏同州，不如伯英之得其法也。〔註107〕

文中品評的李斯、王次仲、曹喜（字仲則）、邯鄲淳（字子淑）、韋誕（字仲將）、蔡邕（字伯喈）、漢靈帝劉宏、杜操（字伯度）、崔瑗（字子玉）和

〔註107〕見《晉書》卷三十六〈衛瓘列傳〉引漢末崔瑗〈草書勢〉，（唐）房玄齡、褚遂良等奉敕撰：《晉書》，（臺北：藝文印書館，1962 年），頁 743～749。

崔寔（字子眞）父子，張芝（字伯英）和張昶（字文舒）兄弟、姜翊（字孟穎）、梁宣（字孔達）、田彥和、羅暉（字叔景）、趙襲（字元嗣）、張超等，均是秦漢時期有名於世的書藝高手。他們憑著自己的書法造詣，開啓中國書法史上全新的局面。他們有的置身學府，有的私下授徒，有的已成家學門風，只可惜他們的書法墨跡早已「寸紙不見遺」。〔註108〕

圖 2-6-8　秦李斯書泰山刻石

<hr>

〔註108〕《晉書》卷三十六〈衛瓘列傳〉引漢末崔瑗〈草書勢〉，（唐）房玄齡、褚遂良等奉敕撰：《晉書》，頁 743～749。

圖 2-6-9　漢蔡邕書熹平石經殘石

二、漢初墨跡

　　存世漢代書跡主要為刻石（圖 2-6-10）碑帖名拓之類，流傳至今的墨跡作品幾乎是沒有。幸而近二、三十年來，地下出土數以萬計的秦代至兩漢簡牘帛書（圖 2-6-11），填補了這一時期墨跡書法作品欠缺的空白，使今人有幸得以直接欣賞二千年前後墨跡書法之風貌。舉例來說，西元 1973 年湖南長沙馬王堆三號西漢早期墓葬出土的一大批帛書（圖 2-6-12），有的書體為篆隸體，隸變中保留着較多的篆書結構（圖 2-6-13），有的則為基本不見篆書結構的古隸（圖 2-6-14），而遣冊竹簡書體為漢隸，文字構形帶有章草意味。西元 2004 年安徽天長漢墓出土西漢中期木牘，書體為隸書，但風格不

一，有正書、行書、藝術書體等。正書用於算簿、戶口名簿等官府文書，隸
體行書見於私人信件，藝術書體見於木刺拜幟，極具個性。

圖 2-6-10　江蘇徐州西漢劉注墓刻石

圖 2-6-11　湖南長沙馬王堆帛書陰陽五行甲本

圖 2-6-12　湖南長沙馬王堆帛書養生方

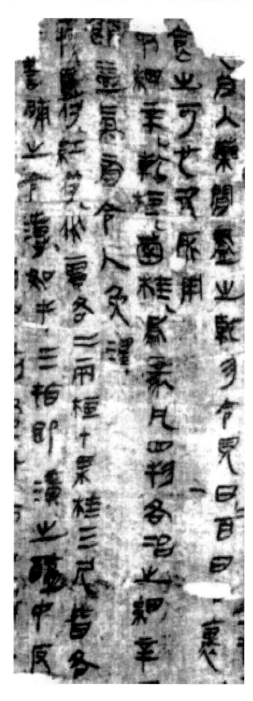

圖 2-6-13　湖南長沙馬王堆帛書陰陽五行乙本

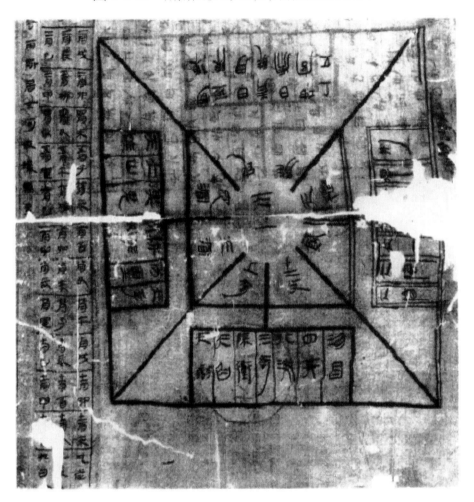

圖 2-6-14　湖南長沙馬王堆帛書黃帝四經

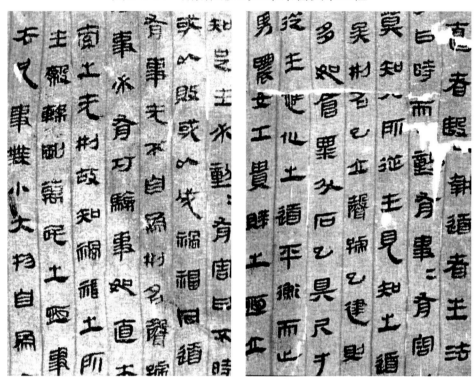

　　上世紀八十年代漢長安城未央宮前殿出土西漢中晚期木簡，書體章草，書法風格一致，或出一人手筆，結字闊達舒展，筆勢急速簡練，橫筆輕出重注，省減了隸書波勢，爲今見最早的章草墨跡之一。西元 1973 年河北定州八角廊村西漢中期偏晚墓葬出土竹簡，書體已開分隸之先河。西元 1959 年甘肅武威磨嘴子西漢晚期墓葬出土〈張伯升柩銘〉，墨書繆篆兩行十四字，結體方闊寬博，與規範小篆有異，爲東漢碑額篆書先緒。

　　西元 1993 年江蘇連雲港尹灣西漢晚期墓葬出土〈東海郡屬縣鄉吏員定簿〉，在寬 7 厘米、長 23 厘米見方的木牘上，隸書 3650 多字，字形精小細密，最大字徑僅爲兩毫米，字距行款謹嚴齊整，字跡雄強頓挫，用筆方圓兼備，顯示了書者高超嫻熟的微書功力。同出〈神烏傳〉竹簡，篇題用標準隸體書寫，賦文則用隸草體抄寫，用筆飄逸灑脫，簡省與連筆並兼，布構跌宕起伏，是隸體向隸草體衍變的書法佳作。

　　西元 1979 年甘肅敦煌市馬圈灣烽燧遺址出土王莽始建國天鳳四年（西元 17 年）前後的「使西域大使、五威左率都尉」王駿幕府奏書稿木簡，書者或

即王駿本人，因屬奏書底稿，故書體自由狂放，融隸、章草、行草於一體，用筆迅疾痛快，線條瞬息多變，節奏強烈，氣脈通貫。秋子《中國上古書法史》贊其「字裏行間，浸透着情，充溢着澀，脹滿着意，傾注着力，將肺腑之言吐于筆端簡面，無疑是這個時代的傑出之表」，「魯公之稿祭侄，其情、其景、其境，全然可與相比之」。〔註109〕

　　西元 1959 年甘肅武威磨嘴子東漢早期墓出土《儀禮》簡，書手書藝精湛，隸體重心偏左，字勢左斂右展，已具楷意。西元 2002 年四川中江東漢中晚期崖墓發現壁畫題記，書體爲分書，多帶楷書筆意。西元 1986 年河北青州大邵莊東漢晚期墓出土彩繪朱書磚銘，爲尚未脫去隸勢的俗書楷體。特別是西元 2004 年湖南長沙東漢晚期靈帝時簡牘，書體豐富多彩，有鳥蟲書、隸書、早期行書、正書、草書等，隸書有波挑分明、結字周正扁平規範隸書，也有線條簡化的俗體隸書。行書簡率多省減連筆。正書結字平穩規整。草書用筆靈動率性，爲後來兩晉時期「今草」之濫觴。

　　通常把隸書的演變大致分爲「古隸」、「漢隸」和「八分」（圖 2-6-15）三個演進階段。「古隸」特徵爲縱向取勢，橫不平，豎不直，流行時間約在秦武王時期至漢武帝初期時。「漢隸」特徵爲橫平豎直，漢武帝中晚期是古隸向漢隸過渡階段，宣帝時進入成熟階段。「八分」（圖 2-6-16）特徵是取左右分布之勢，突出挑畫和捺畫，是隸書中的藝術書體，在漢成帝時期形成，至西漢末已相當成熟。〔註110〕從地下出土簡牘帛書墨跡書法作品看，兩漢的主流書體主要爲小篆、隸體和草隸（章草）三種，而在西漢中期以降，流行的隸體書法已進入成熟期，呈現出向隸行體、隸草體、八分體演變發展的態勢，楷體（圖 2-6-17）和今草大致已在東漢中晚期相繼漸露端倪。代有翻新的秦漢書藝，確然爲魏晉書法和書學的全面深入發展鋪墊了堅實的基礎。

〔註109〕　參見秋子：《中國上古書法史——魏晉以前書法文化哲學研究》，（北京：商務印書館，2000 年 1 月，頁 404～405。

〔註110〕　胡長春：〈從尹灣漢墓名謁木牘談關於隸八分的一些問題〉，見《中國書法與古文字研究》，（北京：人民出版社，2015 年 2 月），頁 177～195。

圖 2-6-15　江蘇邳縣東漢墓古隸、八分混書題記

圖 2-6-16　內蒙古包頭東漢建寧三年八分書跡殘碑

圖 2-6-17　江蘇邗江熹平五年買地券

第三章　秦系簡牘的書寫

　　自上個世紀從四○年代起，不斷地有楚簡出土，秦系的手書文字卻杳無音訊。直到西元 1975 年湖北雲夢睡虎地秦簡的出土，才拉開秦簡研究的序幕。接下來秦系簡牘的出土，一發不可收拾，計有《青川木牘》、《天水放馬灘秦簡》、《岳山秦牘》、《龍崗秦簡》、《揚家山 M135 秦簡》、《周家臺 M30 秦簡牘》、《王家臺 M15 秦簡》、《里耶秦簡牘》、《嶽麓書院秦簡》等出土，其豐富內容，較之楚簡，絲毫不遜色。

　　本章談秦系簡牘的書寫，先從秦系手書的文字沿革說起，來探究秦系文字的根源；其次，談二十世紀迄今秦系簡牘的出土概況；最後，再討論秦系簡牘的筆法與對後世隸書的影響。

第一節　秦系手書文字的沿革

　　戰國初期秦國疆域，主要以陝西腹地渭河流域為中心。東鄰韓、魏，南鄰楚、蜀，並非屬於大國之列。但是在商鞅變法後，向東方發展，征服東方六國，終至始皇二十六年（於西元前 221 年），建立了大一統的封建帝國。為了鞏固和管理這一大帝國，採取了一系的列措施，實行「書同文，車同軌」以統一文字、貨幣和度量衡。

　　秦國雖以宗周故地為立國根據，但地處戎狄之間，與東方各國較為隔閡，中原各國對秦也充滿歧視。因此，秦國在保留自身文化的同時只能繼承周文化，這就使其在文化上趨於保守。〔註 1〕這種保守文化對其文字現象影響極大。王國維曾指出，「秦居宗周故地，其文字猶有豐鎬之遺，故籀文與

〔註 1〕陳昭容：《秦系文字研究》，（臺中：東海大學博士論文，1996 年），頁 3。

自籀文出之篆文,其去殷周古文反較東方文字爲近。〔註2〕」秦與東方各國文字皆出自殷周古文,但由於秦文字的保守和東方各國文字求新求變,至戰國就造成各諸侯國「文字異形」的現象。秦在兼併各國的同時,「罷其不與秦文合者」,隨著政治上的統一,秦文字便成爲官方標準文字。〔註3〕因此,秦自立國至春秋戰國一直到滅亡的五百年的時間,所使用秦系文字較能繼承西周風格,這也是古文字發展到今文字的重要階段。

一、秦系正體的發展

從秦系文字的載體來說。秦系文字包括銅器銘文、石器銘文、兵器文字、貨幣文字、璽印文字、陶器文字、簡牘文字、木器文字等八個方面,其中簡牘文字在二十世紀大量出土後,反而成爲秦系文字中的大宗,其他七個方面的文字僅佔秦系文字中的小部分。以下就秦系文字的發展,略作敘述:

(一)初成期

西周後期至春秋是秦文字的初成期。周平王東遷後,秦襄公受封立國,嬴秦據有宗周關中之地,並全盤接受周文化,承襲西周文字,西周正體篆文得以在秦國持續、穩定地發展演變。秦人沿接西周末期文字改革之路,在《史籀篇》字體基礎上,繼續走周文整飭、規範之路,在字形的裝飾美化方面、在鋒毫調整(藏隱鋒)等細節方面尤爲著力——是爲周、秦系文字整改的第二階段,並因此形成秦系篆文風格。

一般認爲,秦文字風格形成於春秋早期,當時秦人已開始對文字做了全面系統的整理和規範,使其規範化程度大幅度提高,偏旁和單字寫法越來越統一,異體情況越來越少。〔註4〕如果說現存最早的嬴秦青銅器〈不嬰簋〉〔註5〕(圖3-1-1)文字爲一派西周銘文特色的話,那春秋早期秦武公時的〈秦

〔註2〕 王國維:〈戰國時秦用籀文六國用古文說〉,《海寧王靜安先生遺書・觀堂集林》卷七,(臺北:商務印書館,1979年),頁293。

〔註3〕 陳昭容:《秦系文字研究》,頁3。

〔註4〕 趙平安:《隸變研究》,(保定:河北大學出版社,2009年3月),頁8~9。但趙文將秦人於春秋前期進行的文字改造活動歸同於周宣王那次文字改革,將宣王整理文字下移到秦桓王時。本文仍持史籀作字書於西周晚期宣王時的觀點,秦人規範文字的工作是上承宣王整理文字,並實施於春秋時期的。

〔註5〕 時代爲西元前9世紀末,或爲秦莊公於前825年9月所作,早於〈虢季子白盤銘〉9年。據陳澤:〈秦公簋銘文考釋與器主及作器時代的推定〉,見《秦西垂文化論集》,(北京:文物出版社,2005年),頁542。

公鐘〉（圖 3-1-2）、〈秦公鎛〉（圖 3-1-3）銘文，則顯示了秦文在沿承西周正統文風外，已經在嘗試個性化的正體改造之路了。

圖 3-1-1　不娶簋

圖 3-1-2　秦公鐘

部分

圖 3-1-3　秦公鎛

　　上海博物館在西元 1993 年入藏的秦公六器銘文〔註6〕大約在襄公、文公時，還遠達不到〈秦公鐘〉、〈秦公鎛〉那種「進步」程度，那時秦立為諸侯國不久，銘文仍屬西周晚期風貌。但秦隨之開始以自己的方式規範、改變、發展周文字，並較快實現字形變化。從秦武公時的〈秦公鐘〉、〈秦公鎛〉至大約共、桓間的〈秦公簋〉（圖 3-1-4），體勢已大不同於西周末期風格了。馬承源指出，秦國銘文形體有別於西周晚期通行的字體，它源於〈虢季子白盤銘〉（圖 3-1-5），一系列的秦國銘文都屬同一體系，〈秦公簋〉、〈秦公鼎〉（圖 3-1-4）也一樣。

　　春秋中期的秦銘文顯示出與西周後期規範金文明顯的差異。秦銘文依循的是宣王釐正文字後的字體，即〈虢季子白盤〉（圖 3-1-5）、〈毛公鼎〉（圖 3-1-6）、等所示範的那種，並於春秋前中期進行了革命性的改造。

　　秦銘文與西周銘文的不同處在於：一是，自〈秦公鐘〉、〈秦公鎛〉至〈秦公簋〉等銘文，字內結構勻整、平衡的成分又大大增加，越來越強調點線的對稱、等距、等長以及線式的秩序感；二是許多線段被加長，特別顯示了長垂並增加彎曲部，線式曲引增加，圖案化傾向明顯；三是字形有縱長發展趨勢。

〔註6〕 李朝遠：〈上海博物館新獲秦公器研究〉，見《上海博物館館刊》第七集。上博新獲這幾件禮器中有兩簋兩鼎的「秦」字从「舂」从「雙禾」，另兩鼎中的「秦」省「臼」。

圖 3-1-4　秦公鼎（左）、秦公簋（右）

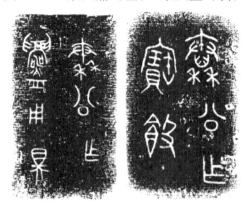

圖 3-1-5　虢季子白盤

圖 3-1-6 毛公鼎

　　以上第一、第二點凸顯出秦文與西周金文間的顯著差異。如秦武公時的〈秦公鐘〉、〈秦公鎛〉二器中的「於」、「明」、「夕」、「以」等字的長筆畫，在西周銘文中一般是短截緊湊的，秦器卻做了大幅度的曲引拉伸。春秋中期偏晚的〈景公石磬銘〉（西元前 574 年），又稱〈秦公大墓石磬銘〉，更能顯示出秦官書正體整飭的進一步成效，如對稱、均衡的線條，曲勢化愈加明顯的長弧筆，平穩的字勢等，均為嬴秦官文正體規範、裝飾理念下的結果。李

學勤在討論〈秦公簋〉時提到：〈虢季子白盤銘〉應即籀文，秦武公、穆公那段時期所用文字即承之而來，下延至〈景公石磬銘〉（圖 3-1-7）以至〈石鼓〉（圖 2-6-1），遂成秦篆的先行形態。秦國文字一個特點是相當規範化，武公器以下，變化不多。﹝註 7﹞在武公前後，秦文即大體奠定了個性化的字形基礎。

圖 3-1-7　景公石磬

〈秦公鐘〉、〈秦公鎛〉等銘文與〈虢季子白盤〉銘文的近似可說明其仿借沿襲關係。﹝註 8﹞秦文正體整飭改造的重點是字形的裝飾美化及規範化，除了繼續消除仿形因素外，和諧、均衡的結構，線條平行、勻整列置，均勻組構單字內的空間等，成為秦文正體的追求目標。

﹝註 7﹞ 詳見李學勤：〈秦公簋年代的再推定〉，見《秦西垂文化論集》，（北京：文物出版社，2005 年），頁 473。
﹝註 8﹞ 叢文俊指出「秦公鐘、鎛」與「虢季子白盤」的相似性，稱後者乃《史籀篇》字形風格，認為春秋以來秦文字始終以《史籀篇》為基礎，進行蛻變象形和強化圖案性的努力。詳見《中國書法史·先秦秦代卷》。

在這樣的改造下，秦文逐漸形成自身特色，特色之一就是「線條平行、均衡列置」。線條平行、均衡列置，主要是指同類、同方向點線平行排列，如：橫勢畫、豎勢畫、斜勢畫分別平行、勻齊列置；點線間常作等距離、勻齊布置。

西周中後期金文線條化、裝飾化程度雖然日益提高，但由於象形因素未完全除盡，線條規整程度仍不很高，加之普遍的純曲圓型線式，使西周金文點線並不勻齊、有序，其點線的均衡、對稱程度因物器而有差異，而且常常同一物器銘刻中亦有差異。秦文字則特別講究平衡、均勻的線條組合，講求線間的平行、等距排列，一器內單字大小均一，字的外緣輪廓形狀也盡量統一（大小相當的正方或縱長方形）。西周金文中，只有恭王時的〈永盂〉、宣王時的〈虢季子白盤〉等少量銘文比較講求這種對稱、平行點線結構，而西周時期大部分彝器似乎不太關注這類點線細部的規範。宣王勵精圖治，欲規範天下文字，命太史籀（留）作《史籀篇》，意在統一規範當時的文字及書寫，《史籀篇》即爲釐正文字後的範本字書。西周末這次文字整理行爲，更重要的意義或許在於對當時簡牘俗書的規範作用。啓功指出：「籀文是周代一種包括構造與風格都嚴肅而方便的新興字體，這種字體被採用在當時的教科書《史籀篇》中。」〔註9〕這種「嚴肅而方便的新興字體」即爲宣王時規範後的字體，也就是〈虢季子白盤〉那類風格。

裘錫圭說：「在整個春秋戰國時代裡，秦國文字形體的變化，主要表現在字形規整勻稱程度的不斷提高上。」〔註10〕這指的是秦官文正體。規整與勻稱的細節體現即是在線條的平行、等距、對稱布置以及結構的均衡協調上，亦即這裡所說的「點線平行均衡列置以及規律性極強的字外廓」這是秦文字形體的主要改造點。到〈景公石磬銘〉、〈石鼓文〉時，這種努力已成效卓然。這些刻文規整勻稱，線式之對稱、平行、均衡結構幾近完美，字形上〈景公石磬銘〉以縱長爲主，〈石鼓文〉以正方爲主，字外廓整齊劃一，拖長的垂引規律性強。這些都與西周金文很不相同。研究者認爲〈景公石磬銘〉和〈石鼓文〉爲春秋時期大篆臻於成熟並向小篆發展的承前啓後的代表作。〔註11〕的確，以這種態勢和方向發展下去，則距小篆體不遠了。啓功說：「秦人依據

〔註9〕 啓功：《古代字體論稿》，北京：文物出版社，1999年），頁13、14、16。
〔註10〕 裘錫圭：《文字學概要》（修訂本），（北京：商務印書館，2013年7月），頁69。
〔註11〕 徐暢分卷主編：《中國書法全集》第四卷，北京：榮寶齋出版社，1996年）。

〈史籀篇〉字,『或頗省改』,成爲秦的『正體字』,即小篆」。〔註 12〕秦官文正體整飭的最後結果爲小篆,整理的早期結果即是上博新藏秦公諸器、〈秦公鐘〉、〈秦公鎛〉等銘文風格,這種被稱爲秦大篆的新「正體字」經過春秋戰國逐漸演化發展爲小篆。(圖 3-1-8)

圖 3-1-8　泰山刻石

　　需要看到的是,拉長字形,增加、加長垂引線條,增繁巧飾,是春秋戰國秦文改造字形的另一種傾向,這一過程中,雖然仿形因素日益消盡,但渴望裝飾性、美術化的結果是繁飾、巧飾增多了,這背離了西周金文在一些方面相當省簡概括的特點,比如短截緊湊的線條、精簡的結構等。線條曲屈彎繞爲主要的增繁點,這在秦武公二器中已經顯現端倪了。到小篆體成熟時,繁飾特徵已臻於極,小篆遂因過度的裝飾性、美術化而最終失去了實用意義。甚至可以認爲,殷→西周→秦代,文字正體經歷了「繁→簡→繁」過程,兩個「繁」並不相同,前一個「繁」決定於象形、圖像化等因素,那時的文字尚待進一步簡化;後一個「繁」主要指小篆體,則屬高度美術化、修飾化後的結果,甚至可稱爲一種「極端」的形式。

〔註 12〕啓功:《古代字體論稿》,北京:文物出版社,1999 年),頁 13、14、16。

　　嬴秦立國至統一後的秦王朝，其官文正體的演變軌跡可從一些金石銘刻中（表 3-1-1 與表 3-1-2），得以展示：

表 3-1-1　春秋戰國時期的器銘、刻石

器銘、刻石名稱	朝　代	時　間
上博新藏秦公鼎、簋銘	秦襄公、文公	前 777～前 716
秦公鐘、鎛銘	秦武公	
秦公簋銘（中國歷史博物館藏）	秦景公	前 576～前 537
景公石磬銘	秦景公	前 573 年
石鼓文	不詳	春秋中晚期
杜虎符文	秦惠文王	前 337～前 325 年
詛楚文	秦惠文王	約前 312 年
新郪虎符文	秦王政	約前 242 年
秦圓幣文	不詳	戰國末

表 3-1-2　秦統一後的器銘、刻石

器銘、刻石名稱	朝　代	時　　間
嶧山刻石	秦始皇二十八年	前 219 年
泰山刻石	秦始皇二十八年	前 219 年
琅玡刻石	秦始皇二十八年	前 219 年
之罘刻石	秦始皇二十九年	前 218 年
東觀刻石	秦始皇二十九年	前 218 年
碣石刻石	秦始皇三十二年	前 215 年
會稽刻石	秦始皇三十七年	前 210 年
多種權量詔銘	秦代	不詳
陽陵虎符文	秦代	不詳
秦封泥（官印）／秦私印	戰國晚期至秦代	不詳

（二）成形期

　　戰國至秦代是秦文字的成形期。戰國至秦代春秋戰國時期，秦文和東方各國文字逐步拉開了距離，以致東、西間，各國間文字各異，除去東方諸國不太嚴格遵守西周正統文字規式之外，東、西所依字體規範、釐正理念和方

法上的不同，也是重要因素。秦國文字在官方正體和世俗書體兩個系統均強調均衡對稱結構、平行線排列意識，注重秩序感，東土則較少具有這種意識。春秋時代秦以外其他國家文字的字形，較少出現明顯的規整化、勻稱化傾向，有的雖出現這種傾向，但採用的具體方式不同於秦國文字。〔註13〕從手寫體看，代表中原地區的盟書和代表南方的楚系簡書，其點線不論曲直，一般均作非平行列置，各點線的走向規律性差、甚至恣肆布置，楚簡單字內點線常做「四射狀」，線條走向混亂無序，沒有秦文字強調的點線「同向性」；楚簡單字外緣輪廓呈無規律的多邊形，不像秦簡呈整齊的正方、長方形字外廓。東方諸國俗體這樣的寫法也影響到官書正體。秦文線條平行、均衡排列，表明一種勻整、平衡、理性的構形意識，是秦國和楚、晉等國文字構形觀念上的差異。

秦整飭字體的過程其實就是追求文字裝飾美化的過程，這種觀念的由來，除了主要受西周後期規範字體的影響及自身理性構形傳統外，或許也有來自他國的啟示，比如鳥蟲書影響。春秋後期，東南一些國家銘文正體漸趨率簡的同時，旁逸出一種偏激樣式，即鳥蟲篆文。這種裝飾性唯美追求，廣泛地影響到中原地區，晉、齊、莒等國的銘文中也不乏這類字形。秦系正體的美化裝飾性進程中也有可能受到楚系裝飾化書風的影響。

經由上面的分析，對於秦系官文正體的發展，可以得到以下的結論：

在初成期，繼承了殷至西周中期，以削弱仿形、強化線條性，逐步圖案、符號化為主的特色，並開始藏隱毛筆鋒毫書寫探索的階段。這一時期的重要工作有西周晚期的文字規範和春秋時期秦國的文字改造。嬴秦承接宣王字體整飭之路，繼續在線條化、裝飾化等方面進行探索，逐漸塑成勻整、對稱的字形以及平行、等距、均衡的點線結構。

在成形期，即小篆形成階段。秦系正體文字沿裝飾化、美術化軌道發展，漸漸走向形式極端，終成彎繞盤曲、對稱均衡之極的小篆式樣。

二、秦系俗書手寫體的呈現

俗體是一個長久以來相對獨立發展的系統，秦系手寫體同樣上承殷周俗體系統而來，因而保留著上古時候的一些寫法和習慣。這些傳統因素在嬴秦

〔註13〕裘錫圭：《文字學概要》，（北京：商務印書館，1988 年），頁 44、46、63、64、69。

文字整飭過程中也被改造、變化，秦手寫體系統處於持續不斷的流變中，是活性的、時時變化的體系。秦個性的書寫性簡化使其手書系統異於他國俗體，並演化出個性的「俗寫正體」（圖 3-1-9）。「俗寫正體」在手書體中可能出現不甚嚴謹的書寫。

圖 3-1-9　俗寫正體──秦詔權量上的銘文

　　秦「俗寫正體」可上溯到商末筆書墨跡。像商代的手書正體與銅器題銘接近，但筆畫的粗細變化更大些，含較多鋒芒棱角類筆觸。秦承接周文字後，秦的「俗寫正體」漸漸與官書正體篆文分道，並含有了越來越多的平直筆畫，

這當然是同屬俗書系統的草率類寫法提攜影響的，抑或在春秋中後期時，秦「俗寫正體」加速了個性面貌的形成。以下將秦系俗書的特點，分別列述：

（一）拘謹的書寫心態

目前所見秦系手寫體大宗只有戰國末期到秦代的簡牘墨跡，稍早的只見西元前 4 世紀末的《青川木牘》文字。從這些墨書看，秦國官書正體的許多特徵，如結構上的平行、均衡、等距點線排列等，在簡牘書寫中都能得以體現，這些簡牘墨書大體反映了那一時段秦俗書手寫體的情形。除簡牘手跡外，戰國後期秦國的一些銘文雖然刻劃潦草，依然遵循秦傳統的字形結構原則，如〈商鞅鐏〉、〈四年相邦樛斿戈〉等秦兵器題銘以及「封宗邑瓦」等刻銘文，雖草率急就而成，仍能按照平行等距線條分布等原則來結構文字，所以「草」而不「亂」，和其他諸侯國的潦草書刻不太一樣。

研究者認爲，秦系部分銘刻中「篆隸參雜」，可見時書手寫體對這些銘文的影響，〔註 14〕這類的題銘可看作戰國末期秦國介於官書正體與手寫俗體之間的一種形態。銅器銘文本應使用官方正體字，書刻也該講究、規範。但或出於急就，或因書刻者文化、書寫水平不高，或是書刻者的積習，於是將實用俗寫中的草率寫法帶入銘刻中，造成這些銘文草率急就的特點。

袁仲一在分析秦陶瓦文時指出，戰國末至秦朝的陶瓦磚類刻印文字，有的與小篆接近，而有的與早期隸書已無分別，它們中文字異形的情況不多見，「偏旁部首基本上已經固定，每一個字筆數的多少也多已定形化，異形的文字大大減少。」〔註 15〕這些陶瓦類刻印與金石銘刻都可以把當時的官文正體與俗體寫法聯繫起來。現將戰國至秦代該類金石陶銘刻表列如下：

表 3-1-3　戰國至秦代接近小篆的金石陶銘刻一覽

器銘、刻石名稱	朝　代	時　間
秦公簋（補刻）	（戰國）	
十三年大良造鞅戟	秦孝公十三年	前 349 年
商鞅鐏	秦孝公十六年	前 346 年

〔註14〕 叢文俊認爲，書刻潦草的秦金文與日常手寫體墨跡很接近，這類潦草的刻文能彌補現有秦簡牘的隸變缺環，詳見叢文俊：〈論中國書法發展之三個階段的性質與春秋戰國金文書法的史學意義〉，見《中國書法》，1997 年第 6 期、1998 年第 1 期。

〔註15〕 袁仲一：《秦代陶文》，（西安：三秦出版社，1987 年），頁 89。

商鞅方升	秦孝公十八年	前 344 年
十九年大良造庶長鞅殳鐏	秦孝公十九年	前 343 年
封宗邑瓦	秦惠文君四年	前 334 年
四年相邦樛斿戈（圖 3-1-10）	秦惠文君四年	前 334 年
十三年相邦義戈	秦惠文王十三年	前 325 年
四年相邦張義戈	秦惠文王四年	前 321 年
高奴禾石權	秦昭襄王三年	前 304 年
王五年上郡疾戈	秦昭襄王五年	前 302 年
六年漢中守戈	秦昭襄王六年	前 301 年
七年上郡守間戈	秦昭襄王七年	前 300 年
秦駰禱病玉版	戰國中晚期	
廿年相邦冉戈	秦昭襄王廿年	前 287 年
卅九年漆卮	秦昭襄王廿九年	前 278 年
五年相邦呂不韋戈	秦王政五年	前 242 年
羊頭車軎	秦王政廿一年	前 226 年
廿二年臨汾守戈（圖 3-1-11）	秦王政廿二年	前 225 年
廿六年蜀守武戈	秦王政廿六年	前 221 年
各類磚陶瓦刻印類	戰國後期至秦代	

圖 3-1-10　四年相邦樛斿戈　　　　圖 3-1-11　廿二年臨汾守戈

圖 3-1-12　秦瓦當

圖 3-1-13　秦陶瓦文

（二）中鋒的用筆意識

先秦書寫中的鋒毫意識在殷、周之際到西周中期發生變化，人們開始體驗到收斂毫芒的重要性。調鋒、藏毫的嘗試，除去社會文化背景因素外，斂毫書寫有助於點線刻畫也是原因。秦人繼承了周人這種鋒毫觀念，並做了進一步拓展。在秦文字改造過程中，裹毫調鋒筆法顯然是秦人重要成就之一，秦人摸索出一系列藏鋒用筆法，尤其體現在線條起訖點的講究上，如在本章提出的全、半逆式起筆，回鋒、戛止等收筆法，這在秦簡牘墨書中有充分的展示。於是，秦系手書墨跡呈現了獨特趣味：點線厚重充實，粗細均一，很少顯露鋒芒，形態敦厚、樸拙、含蓄、有力。秦人調鋒斂毫的技巧與六國書寫頗不相類，秦人寫法實為後世主要用鋒技法之源。這一系列技法的探索主要是在秦干書系統中實現的，並不同程度地反映到銘刻文字中。

（三）正俗的過渡——青川郝家坪木牘

《青川郝家坪木牘》又稱《青川木牘》，其文字亦篆亦隸，暗示了它所處時代俗書的書寫特徵。《青川木牘》或許能代表西元前 4 世紀後期秦手書體的一類式樣，通過對它的分析或能窺探其時秦俗寫與官文正體之間的關係，同時體察那時手書體的一些情形。

《青川木牘》中仍存有一些含篆法的字，如「酉」、「史」、「律」、「袤」、「爲」、「千」、「高」、「非」、「敗」等，它們大體上按篆形構字。然而手寫體約易簡練的要求，使這些字雖含篆構，卻擁有許多不同於正體篆文的特點：點畫非常短促、簡捷、平直，沒有拉長的線條，爲求取書寫效率、節省牘面空間，字形均處理得扁而緊湊——這與同時的正體篆文縱長字形、增長垂引等做法很不相同。篆文中常做的誇張的弧曲狀拉長筆畫，在《青川木牘》裡僅僅處理成象徵性的很短的彎曲線段，如「千」、「下」、「行」等字，這是一種既依循了官文正體的規約、又無礙於實用速寫的選擇。

《青川木牘》時代的秦國正體篆字已然很接近於後來的標準小篆了，與此同時，俗書手寫體已在相當程度上擺脫了正體篆字的囿限，就像《青川木牘》這樣，除了少量殘餘的篆構外，俗體寫法與官文正體已分離得較遠。事實上，《青川木牘》居於主導的書寫法已具古隸內質了。〔註16〕釘形、長三棱形筆畫在《青川木牘》上甚至比在後來那些秦簡中更明顯，雖然釘形筆畫屬於較快速書寫下的形態，但《青川木牘》中該類筆畫仍謹嚴有序，不隨意拉出芒尖鋒穎，與同時期楚簡書形成鮮明對比。

楚簡不論釘形或他種筆畫，均喜愛顯露鋒芒，線條多做弧曲形，常常芒角刺目、筆勢凌厲。當然東、西土俗寫並非沒有類似處，如重頭輕尾的釘形寫法即爲各地通用的一種簡約快書技法。西土嬴秦手寫體之傳統個性可以體現在《青川》、《睡虎地》、《周家臺》、《里耶》、《龍崗》等墨跡中。其傳統特色也並非就是單調呆板，像《青川木牘》正反兩面書寫風格就不一樣，背面字跡當爲另一人所書，書寫比正面潦草一些，某些筆畫甚至順鋒入筆，如「辛」、「月」等。筆者推斷《青川木牘》可能並不是當時的主流俗寫形態，

〔註16〕 將《青川木牘》與同時的金石題銘，像〈高奴禾石權石〉、〈王五年上郡疾戈〉、〈六年漢中守戈〉、〈七年上郡守間戈〉等做一番比較，可看出那些銘刻雖點線粗率但仍主篆構，而《青川木牘》文卻大幅度解散了篆構，它們之間結構上的差異是顯著的。秦手書體、兵器銘刻、官文篆體間的差別程度不同，草率銘刻一定程度上將另外兩類書寫形態勾連起來。

它甚至顯得有些「保守」，因爲與之對比，僅僅幾十年後，大量的秦墨跡如《周家臺秦簡》等（圖 3-1-14），就猛然地「成熟」起來了。

圖 3-1-14　荊州沙市周家臺秦簡〈歷譜〉

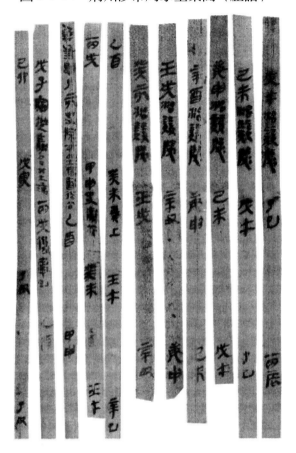

《青川木牘》作爲秦系手書體演進的過渡，考察它與官文正體間的關聯是有必要的。戰國末期到秦代的俗體中這種關聯已經很少了，作爲「過渡」的《青川木牘》，它的點畫書寫細節已顯露了許多隸書的早期特徵。特別是釘形橫勢筆畫，其起筆處的頓挫加調鋒，實導致了後來漢隸主橫畫的「蠶頭」形態，「則」、「其」、「敗」等字的短點筆又頗富磔角感，從青川古隸發展到漢代八分顯得很自然。然而若審視一下差不多同時期的楚系簡書，則遠不具備這種承接關係。

《青川木牘》雖含有不少篆構，但與差不多同時期的〈詛楚文〉等刻文已有天壤之別，和同期草率的兵器題銘亦有構形上的差異。另外，《青川木

牘》文或屬於當時較爲「保守」的手寫正體形態，換言之，那時主流的俗寫正體之「隸意」還要濃些。《青川木牘》數十年後的《睡虎地》、《里耶》、《周家臺》等秦簡牘就展示了大量秦國（代）「俗寫正體」的式樣。事實上，至晚從戰國前期以來，秦國普遍使用的（即便是較重要場合的書寫、官文書抄寫等）規範手寫體都是這路「俗寫正體」，即規整的秦隸。亦即說，戰國早、中期秦「俗寫正體」很可能已接近「古隸」樣式了。

三、秦系手寫文字的後續發展

戰國末期到秦代，俗體秦隸已應用到社會各階層、各角落，但隸體在當時的地位最低。《說文》載秦代書有八體：一曰大篆，二曰小篆，三曰刻符，四曰蟲書，五曰摹印，六曰署書，七曰殳書，八曰隸書。小篆雖作爲官方標準字體被大力推廣，但大篆因其傳統尊貴地位仍排在首位，隸書位卑而列末席。「八體」中大篆、小篆爲官文正體，其餘除隸書外基本爲篆體在不同場合的變化使用樣式，「八體」中的俗寫形式只有隸書一種。秦隸的社會地位雖然仍很低下，但它作爲眞正的實用書體，其普及趨勢、取代官文正體的趨勢已勢不可擋，如李學勤所言：「隸書因其省易，在繁重的政府事務間普遍使用，成爲官方承認的一種字體，確係始於秦代。」〔註17〕

（一）俗體的運用與隸變的產生

隸變產生於廣義的俗體系統中，廣義的隸變歷程可溯至商代乃至更遠，一直存在的俗書手寫體系統即是隸變的載體，古隸是周、秦系手寫體系統發展至東周後期的碩果。有研究者稱：「隸書的產生和發展，大致應與大篆（含金文、籀文）的產生和發展相始終。」〔註18〕宏觀上講的確是這樣。但僅僅這樣論說不免泛泛之談、也不能說解決了實際問題，還須做細節上的追究。從具體的用筆、點線細節上看，殷代朱墨書跡中那種近乎側鋒書就的長三棱形筆觸，即可作爲隸變筆法濫觴。殷代俗寫筆法主要的兩種類型，起訖尖、中截粗寫法和重頭細尾，即長二棱形或釘形寫法，前 ·種多用於規範的「正體」，後一種爲應用更廣泛的筆法，書寫愈草率釘形筆觸愈明顯。後一種寫法

〔註17〕 李學勤此說見陳松長編著：《馬王堆簡帛文字編·序》，（北京：文物出版社，2001 年），頁 3。

〔註18〕 李學文、林奎成：〈隸書八辨〉，載《全國隸書學術時論會論文集》，（鄭州：河南美術出版社，1998 年），頁 35。

是東周各國俗體中普遍使用的筆法。但重頭細尾的釘形寫法在西土和東土遇到不太相同的景況，在秦國，手寫體系統形成了自身鮮明的特色。秦系手書技法與隸變的關係至少表現在以下幾點：

1. 單字構形中的平行、對稱、均衡點線布置，這一構形意識貫徹於秦官書正體、更貫徹於俗書手寫體中，這一點與他國俗體不同。

2. 工謹的手書體講究調整筆鋒這一細節，該種做法承於西周，貫徹於秦文字改造、整飭過程中。調鋒、藏鋒與釘形寫法美妙結合，形成藏頭護尾、左重右輕型筆畫雛形，亦即後來隸書橫勢畫的雛形。

3. 平直筆勢及省併簡化現象，其動因是實用性迅捷書寫的需求。這類省併手法亦有傳統淵源，比如某些寫法來自商、西周時的俗寫形變方式，諸如弧曲線型的拉直、拆斷的普遍使用等，這些都實質性地破壞了文字的象形性。

4. 書寫性簡化引發的筆順、筆畫方向、筆畫部首連接方式及用筆的變化，它們都是動態的、活躍的成分，這些量變集腋成裘，促成筆畫部件化，形成新符號體系。〔註19〕細節上的不斷變化點滴改變著字體結構，字體結構的質變，是古、今文字轉變的關鍵。

在以上情景之下，隸變就不可遏止了。上面四點中，第一個特色可能形成於春秋時期秦文整飭過程中；第四個特色則經歷了相當長時期的積累，因爲古隸形式蘊含著俗寫歷史上的眾多基因，包括傳統用筆法像釘形筆觸等、俗寫的草寫習慣以及部分筆畫寫法的傳承，亦即說，筆畫方向、連接方式、筆順這些細節因素的改變，是經歷了較長歷史時期的積累、而並非在東周後期短時期內能夠完成的。

吳白匋說：「隸書是從秦國一貫使用的文字演變、簡化而成的。」〔註20〕這樣說顯得有些籠統，嚴格講來秦隸主要是在秦俗書手寫體系統內發展演變來的。

草率的書寫促成隸變萌生、推動其發展；在秦俗書中醞釀成熟的古隸新格，終於在秦「俗寫正體」中突出地展現出來。

雖然隸書基本是在秦系手寫系統裡發展而來的，但在探討古隸形成問題

〔註19〕詳見叢文俊：〈論繆篆名實並及字體的考察標準〉，見《叢文俊書法研究文集》，（北京：中國文聯出版社，1999 年），頁 51～68。

〔註20〕吳白匋：〈從出土秦簡帛書看秦漢早期隸書〉，《文物》1978 年第 2 期，頁 49。

時，仍須將目光擴展到全國範圍。秦以外的各國文字書寫中，雖並不富含如秦文那樣系統的、有秩序的隸變漸進模式，宏觀地看，隸變還是依賴於各地域書寫的共同努力，是合力的結果。

陳昭容以爲隸書的起源與發展，必須東西土文字同時考慮，隸變的總趨勢或相類的動向，在戰國東西方都有相似的經歷。〔註 21〕此外，裘錫圭也說：

> 在戰國時代，六國文字的俗體也有向隸書類型字體發展的趨勢……這種簡寫方法跟隸書改造篆文的方法極爲相似。如果秦沒有統一全中國，六國文字的俗體遲早也是會演變成類似隸書的新字體的。〔註22〕

裘文用「隸書類型字體」、「類似隸書的新字體」詞句，而不簡單地直稱「隸書」，是謹嚴而有道理的，畢竟隸書主要還是在秦系俗體內演進而來的。當然，秦昭王以後，隨著兼併戰爭的擴大，秦文字大規模向東方散播，同時受到各國當地原有文字的反作用，秦文字主體就此實現了與異域文字的碰撞和揉融，這揉融是一種相互作用，這種融合也是推進隸變後階段得以完成的一種力量。

（二）書寫對文字發展的意義

把「俗寫正體」急就書寫，使用上不僅廣泛也活躍得多，因爲秦「俗寫正體」雖是規範的文字，但大量的日常書寫用不著那麼工謹。現有資料中這類字跡居大多數，其中比較規整些的如《睡虎地秦簡‧編年記》補記部分、〈日書〉、《龍崗秦簡》、《天水放馬灘秦簡‧日書》、《周家臺秦簡‧病方及其他》等等，比較潦草些的有《里耶秦簡牘》背面墨跡、《睡虎地 M4 秦牘》文等。

叢文俊指出上古急就書寫之於文字的意義在於：一是引發字形的書寫性簡化，降低象形程度；二是急就直接作用於線條，削弱仿形特徵，強化書寫特徵，使文字向實用方面靠攏；三是導致正、草二體分途發展並互爲依存。而隸變過程中的潦草化傾向，又促進了隸、草二體的分途發展；潦草的表面化很快獲得約定俗成的認同。〔註 23〕這種「急就書寫」占據「日常書寫」的

〔註21〕陳昭容：《秦系文字研究》，（臺中：東海大學中文所博士論文，1996 年 6 月），頁 68。

〔註22〕裘錫圭：《文字學概要》（修訂本），（北京：商務印書館，2013 年），頁 76。

〔註23〕叢文俊：〈論中國書法發展之三個階段的性質與春秋戰國金文書法的史學意

主要部分，是手寫體系統中最富生命活力的部分，無論在應用範圍還是在書寫量上，均居手寫體的絕對優勢。可以說把「俗寫正體」急就書寫，推動著字體的演進。

就秦系手寫系統而言，廣泛存在的草寫促成了秦「俗寫正體」之新格，並使得秦俗寫系統與官方正體篆文系統之間的關係越離越遠。這種廣義的草寫無處不在，前面提到，秦草率的銘文、刻石、瓦文等可看作官制篆文與俗體時文的結合部，草寫法侵浸到文字的各個領域，以至於秦統一後，皇帝的詔書銘刻也可以「草寫」而成了。

從以上的分析可以了解秦國俗書手寫體與官文正體的關係，是兩者獨立也互為作用，但之間的影響和作用並不明顯，春秋以後，秦官方正體與俗書手寫體相距越來越遠。「日常書寫是一種隨意的書寫，它避開了走向裝飾性的道路。」〔註24〕而先秦官文正體「從它形成裝飾風格開始，便與日常書寫拉開了距離；它成熟以後，與日常書寫幾乎不再保持任何聯系」。〔註25〕秦小篆和東南鳥蟲書等都是這種走向裝飾性偏極風格的字體，它們和時書手寫體不再有多少聯系和互動作用了。

從春秋初期秦文繼承周《史籀篇》系統，到步入摸索改造字形之路，嬴秦官方正體尚影響著民間手寫體。從後來的書同文政策看，釐正、規範字體是秦國的傳統，這種官方的整飭行為不能不涉及到文字俗寫系統。然而，隨著官文正體篆書越來越趨於裝飾甚至巧飾、繁複，官書正體實際上漸漸失去了對俗寫系統的指導、規約作用。從實用意義上講，手寫體越來越不可能從這種新的正體中汲取多少有用（實用）因素。新興的古隸和秦正體篆書之間的差異是明顯的，比如筆勢不同，筆畫形態不同，字形體勢不同，結字方式不同，書寫方法不同，飾美要求不同，文字構成方式不同等等。〔註26〕這些差異不是短時期內形成的，而且這些差異日益增大。古隸成為社會性實用書體，與秦小篆被棄於實用書寫之外，說明這兩類寫法在形成過程中「各奔東西」。戰國後期到秦代，古隸類手書體顯現出越來越多積極的、新生的氣象，

　　　義〉，見《叢文俊書法研究文集》，（北京：中國文聯出版社，1999 年），頁 13〜35。

〔註24〕邱振中：《書法》，（北京：北京師範大學出版社，2009 年），頁 39。

〔註25〕邱振中：《書法》，（北京：北京師範大學出版社，2009 年），頁 40。

〔註26〕詳見侯學書：〈秦隸書的成熟形態〉，見《書法研究》總第 126 期，2005 年 9 月，頁 29〜43。

占據了日常書寫的大部分角落，甚至包括官用正體文字書寫，到秦兼併天下時，秦隸已獨享了小篆應有的風光，所以專家稱「秦始皇實際上是以隸書統一了全國文字」。〔註27〕

第二節　秦簡牘的出土概況

秦簡大致是指在戰國晚期秦國到秦代，埋藏在秦統治地區的簡牘材料，分布在今湖北、湖南、四川、甘肅一帶。現今已出土的有：《雲夢睡虎地秦簡》、《青川木牘》、《天水放馬灘秦簡》、《岳山秦牘》、《龍崗秦簡》、《揚家山M135秦簡》、《周家臺M30秦簡牘》、《王家臺M15秦簡》、《里耶秦簡牘》、《嶽麓書院秦簡》等。

一、雲夢睡虎地秦簡牘

（一）湖北雲夢睡虎地M11秦簡

1975年12月，湖北省博物館等單位在雲夢縣城西郊睡虎地發掘了12座戰國末至秦代的墓葬，其中第11號的秦墓出土竹簡1155枚（圖3-2-1）。〔註28〕這些竹簡長為23.1至27.8釐米，寬為0.5至0.8釐米，為墨書秦隸。無論從竹簡的數量，還是從竹簡的內容來看，都是二十世紀七十年代中國文物考古的重大收穫。

根據簡文可知M11墓主名「喜」，為當時此地安陸縣負責司法的官吏。如M11所出〈編年記〉提到的，「喜」生於昭襄王四十五年（西元前262年），在秦始皇時歷任安陸御史、安陸令史、鄢令史等職，死於始皇三十年（西元前217年）。

竹簡原來成卷地隨葬在棺內，保存較好，字跡清晰。經過整理和拼復後，總計有1155枚，含殘片80枚。出土簡牘依內容可分十種，分別是：〈編年記〉、〈語書〉、〈秦律十八種〉、〈效律〉、〈秦律雜抄〉、〈法律問答〉、〈封診式〉、〈為吏之道〉、〈日書〉甲種、〈日書〉乙種，其中〈語書〉、〈效律〉、〈封診式〉、〈日

〔註27〕 裘錫圭：〈從馬王堆一號漢墓「遣冊」談關於古隸的一些問題〉，見《考古》，1974年第1期，頁46〜55。

〔註28〕 李勛：〈雲夢睡虎地秦簡概述〉，見《文物》1976年第5期，頁1。湖北省孝感地區第二期亦工亦農文物考古訓練班：〈湖北雲夢睡虎地11號秦墓發掘簡報〉，《文物》1976年第6期，頁1。

書〉乙種四種書簡上原有書題，其他幾種書題則是由整理小組擬定的。這批
竹簡字體不完全相同，有一定的差異性，應是經過多人之手繕寫。其中〈編
年記〉共 53 支簡，分上下兩欄書寫。從竹簡的字體及書寫風格來看，昭王元
年到秦王政十一年的大事，應是一次寫成的；而其中關於「喜」及其家事的
記載，和秦王政十二年以後的簡文字跡較為厚重，疑為後來陸續補寫的。〈語
書〉共 14 支簡，〈秦律十八種〉共 201 支簡，〈效律〉60 支簡，〈秦律雜抄〉
共 24 支簡，〈法律答問〉共 210 支簡，〈封診式〉共 98 支簡，〈為吏之道〉共
51 支簡。〈日書〉甲種有 166 支簡，保存完好，竹簡正反兩面皆有字，書寫時
依次先篾黃面，後篾青面，簡文又小又密。〈日書〉乙種有 257 支簡，主要寫
在篾黃面，字也較〈日書〉甲種寫得大些。

　　這批竹簡出土後，1976 年第 5 期《文物》雜誌發表了季勛寫的〈雲夢
睡虎地秦簡概述〉一文，對該墓出土的竹簡內容進行了全面的報導和概述。
1976 年第 6 期《文物》雜誌刊登了〈湖北雲夢睡虎地 1 眞號秦墓發掘簡報〉，
同期《文物》還刊登了由雲夢秦簡整理小組整理的〈雲夢秦簡釋文（一）〉，
其中包括〈南郡守騰文書〉（後來正式出版時改稱為〈語書〉），〈大事記〉、〈為
吏之道〉；1976 年第 7 期《文物》雜誌刊登了〈雲夢秦簡釋文（二）〉，其中
包括〈秦律十八種〉和〈秦律雜抄〉；同年第 8 期《文物》刊登了〈雲夢秦
簡釋文（三）〉，其中包括〈秦律問答〉和〈封診式〉。1977 年，文物出版社
出版了由睡虎地秦簡整理小組編寫的八開線裝本《睡虎地秦墓竹簡》一書，
該書中除〈日書〉甲，乙兩種未收外，其餘的竹簡內容都予以公布，並對簡
文進行了簡注，書中附有竹簡圖版。1978 年，文物出版社又出版了整理組
編寫的平裝 32 開本《睡虎地秦墓竹簡》一書，該書同樣未收〈日書〉甲、
乙兩種簡文，也沒有竹簡的圖版照片，只對簡文進行了簡注和語釋。1981
年，文物出版社出版了由雲夢睡虎地秦墓編寫組撰寫的《雲夢睡虎地秦墓》
一書，全面詳細地介紹了睡虎地 11 號秦墓的墓葬時代、形制、出土文物等
情況，並發表了有關的文物照片。1990 年，文物出版社又出版了由睡虎地
秦簡整理小組編寫的八開精裝本《睡虎地秦墓竹簡》，書中全部收錄了睡虎
地 11 號秦墓出土的十種竹書，並附有圖版、釋文，注釋。竹簡的圖版照片
按原大影印。書中除〈編年記〉、〈為吏之道〉，〈日書〉甲、乙種外，其餘都
加了白話語譯。

圖 3-2-1　雲夢睡虎地秦簡：秦律十八種

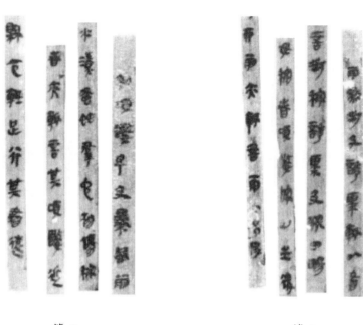

簡 2　　　　　　　　　　　　　　　　簡 1

（二）湖北雲夢睡虎地 M4 秦牘

　　《睡虎地 M11 秦簡》出土不久，考古人員在睡虎地 4 號秦墓發現兩枚秦木牘，其正反面均有墨書文字，字體亦爲秦隸，共計 527 字（圖 3-2-2）。出土時，一枚保存完好，長 23.4 釐米、寬 3.4 釐米、厚 0.3 釐米；另一枚下段有殘缺，餘長有 17.3 釐米、寬 2.6 釐米、厚 0.3 釐米。木牘兩面均用墨書寫文字，內容爲士卒「黑夫」、「驚」兩人給家人寫的家書，收信人爲「中（衷）」。信牘寫於秦王政二十四年（西元前 223 年），爲目前所見的書信實物。兩枚木牘書寫比較草率，字形側斜。信中談及當時秦與楚在淮陽的戰事，黃盛璋認爲「中（衷）」就是 M4 的墓主，入葬時可能離收到第二封家書時間不長，第二封信提到了「新地」即是墓區附近的雲夢古城，也是楚、秦時的安陸。〔註29〕

　　由這兩枚木牘書信，當時民間書信一般用木牘書寫，爲了節省木牘採兩面寫字。

〔註29〕黃盛璋：〈雲夢秦墓出土的兩封家信與歷史地理問題〉，《文物》1980 年第 8 期，頁 74～77。

圖 3-2-2　雲夢睡虎地秦牘：11 號木牘

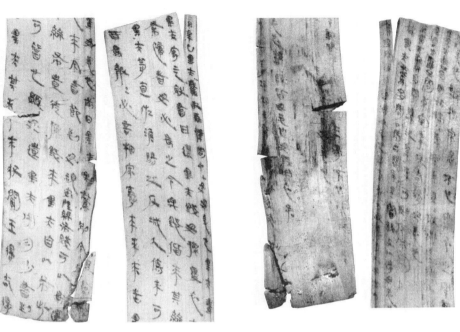

正面　　　　　　　　　　　　　　　　反面

二、青川郝家坪木牘

　　西元 1979 年至 1980 年間，四川省博物館和青川縣文化館在青川縣郝家坪發掘了戰國晚期第 50 號戰國秦墓時，發現了木牘 2 枚（圖 3-2-3）。一枚長 46 釐米，寬 3.5 釐米，厚 0.5 釐米，木牘字跡漫漶，無法辨識。另一枚長 46 釐米，寬 3.5 釐米，厚 0.4 釐米，正反兩面墨書，文字清晰可辨，正面楚秦王頒布的〈為田律〉命書，分三行書寫，時間為秦武王二年十一月，當為西元前 309 年。牘文顯示這是由當時秦丞相甘茂等具體修訂頒發的〈為田律〉，是關於開闢整修田地的律令。木牘背面有上中下三欄文字，現存上欄文字，記武王四年十二月不除道日干支，牘背面墨書非一次書成，總共 121 字。秦木牘常見尺寸為 23 釐米上下，《青川郝家坪木牘》的長度卻多出其他秦牘一倍左右。《青川郝家坪木牘》為目前所見最早的秦系簡牘墨跡，也是目前所見最早的古隸墨書實物，《青川郝家坪木牘》比其他出土秦簡早出至少幾十年，是研究戰國時期秦文字、書體演進及隸變進程的重要材料。

　　1982 年第 1 期《文物》雜誌刊登了由四川省博物館和青川文化館合寫的

〈青川縣出土秦更修田律木牘——四川省青川縣戰國墓發掘簡報〉，公布了這一材料。同期《文物》雜誌還刊登了于豪亮寫的〈釋青川秦墓木牘〉和李昭和寫的〈青川出土木牘文字簡考〉兩文，對木牘的內容進行了研究和探討。

圖 3-2-3　青川郝家坪木牘

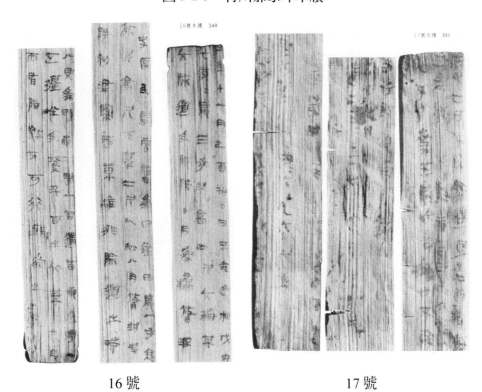

16 號　　　　　　　　　　　　　17 號

三、天水放馬灘秦簡牘

西元 1986 年 4 月甘肅省文物考古研究所在天水市北道區黨川鄉放馬灘發掘了 1 號秦墓，出土一批竹簡。這是繼 1975 年湖北雲夢《睡虎地秦簡牘》之後，又一次重大秦簡發現，且天水是秦人的發祥地，首次發現的典籍文獻，對秦史、秦文化的研究具有相當重要的史料價值。

出土秦簡 461 枚，大多數保存完整，字跡比較清楚。〔註30〕簡上原有上

〔註30〕甘肅省文物考古研究所、天水市北道區文化館：〈甘肅天文放馬灘戰國秦漢墓群的發掘〉，《文物》，1989 年第 2 期，頁 1。何雙全：〈天水放馬灘秦簡綜述〉，《文物》1989 年第 2 期，頁 23。

中下三道編繩，上下端各空出 1 釐米爲天地頭。放馬灘秦墓出土竹簡右側有三角形的小契口，上留有絲織編繩的殘痕。簡冊可能是先編連後書寫的，簡文皆以秦隸書寫在篾黃一面，最多者每簡 43 字，一般在 25〜40 字之間。

　　簡冊未見篇題，書寫是先依順序一簡一簡地寫完一篇，然後又在寫好字的竹簡，其中的白簡部分，書寫另外不同的篇章，以圓點或長方形墨釘分隔。其內容有〈日書〉甲種（圖 3-2-4），〈日書〉乙種，另有〈墓主記〉（圖 3-2-5）。〈日書〉甲種共 73 枚（M：14・甲 1-73）。簡長 27.5 釐米、寬 0.7 釐米、厚 0.2 釐米。有三道編繩，竹簡排列整齊，簡的上下端各留出一釐米的天地頭，許多簡的天地頭兩面還殘留著深藍色紡織物殘片，研究者據此認爲，並稱這是簡冊裝幀的最早實物。〈日書〉乙種共 380 枚，簡長 23 釐米、寬 0.6 釐米、厚 0.2 釐米。內容有 20 餘篇。〈日書〉是繼湖北雲夢睡虎地秦墓出土〈日書〉後的第二種秦代〈日書〉，一種出自南方，一種出自北方，又屬同一時代，二者可進行比較研究，很有學術價值。

　　〈墓主記〉共 8 簡，也稱〈邸丞謁御史書〉，〔註31〕，講述一個名爲「丹」的人死而復生的故事，同時還追述了丹過去的簡歷和不死的原因。〔註 32〕寫於秦王政八年冬（西元前 239 年）或九年初，可判斷 M1 是在秦王政八年九月以後才下葬的，以此認定竹簡抄寫的年代在戰國晚。李學勤在〈放馬灘簡中的志怪故事〉中認爲，〈墓主記〉是與《搜神記》內容相似的志怪故事，而時代則早了五百多年。〔註33〕

　　天水《放馬灘秦簡・日書》內容和雲夢《睡虎地秦簡・日書》相近，性質也是占卦、卜時、擇日，內容涉及曆法、天文、巫卜諸學說，講人及社會、政治、生活等事，天水《放馬灘秦簡・日書》甲種，原文無標題，整理者依據內容把它分爲「月建」、「建除」、「亡盜」、「人月吉凶」、「男女日」、「生子」、「禹須與行」、「忌」等八章。〈日書〉乙種，計 20 餘章，有 7 章與〈日書〉甲種前七章相同，而不同的有：「門忌」、「日忌」、「月忌」、「五種忌」、「人官忌」、「天官忌」、「五行書」、「律書」、「占卦」等內容。

〔註31〕季羨林、胡平生、李天虹等：《長江流域出土簡牘與研究》，（武昌：湖北教育出版社，2004 年），頁 221〜237。

〔註32〕孫占宇將〈墓主記〉稱之爲〈丹〉，並合併於〈日書〉乙種之末。見張德芳主編、孫占宇著《天水放馬灘秦簡集釋》，（蘭州：甘肅文化出版社，2013 年 3 月），頁 1。

〔註33〕李學勤：〈放馬灘簡中的志怪故事〉，《文物》1990 年第 4 期，頁 43〜47。

圖 3-2-4　天水放馬灘秦簡牘：日書甲種

3　　　　　　　　　　2　　　　　　　　　　1

圖 3-2-5　天水放馬灘秦簡牘：墓主記

志3　　　　　　　　　志2　　　　　　　　　志1

　　放馬灘 M1 秦墓還出土了七幅以墨筆繪制的木板地圖（圖 3-2-6），這也是
迄今爲止中國所見最古老的實物古地圖。

圖 3-2-6　　天水放馬灘秦簡牘：木版地圖

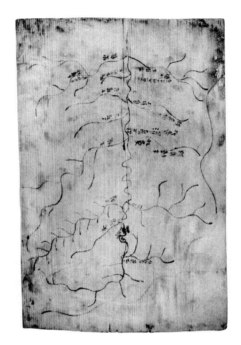

3B   3A

　　1989 年第 2 期《文物》雜誌，刊登了由甘肅省文物考古研究所等單位撰寫的〈甘肅天水放馬灘戰國秦漢墓群的發掘〉和何雙全撰寫的〈天水放馬灘秦簡綜述〉兩文，全面介紹了放馬灘出土簡文的內容和情況。1989 年甘肅人民出版社出版的《秦漢簡牘論文集》中刊登了該墓出土〈日書〉甲種的釋文和由何雙全撰寫的〈天水放馬灘秦簡甲種〈日書〉考述〉。

　　2009 年甘肅文物考古研究所委由中華書局出版《天水放馬灘秦簡》一書，係以圖文結合的形式，完整發表 1986 年在甘肅省天水市北道區黨川鄉放馬灘一號秦墓出土的全部簡牘，並以考古發掘報告收錄與此同時發現的十四座秦漢墓的文物資料。2013 年由甘肅文化出版社孫占宇著《天水放馬灘秦簡集釋》一書，在已有學術成果的基礎上進行釋文合校，並依據清晰圖版改釋、補釋。

四、江陵岳山秦牘

　　西元 1986 年 9 至 10 月，湖北省江陵縣文物局和荊州市博物館在江陵岳山崗發掘了 46 座古墓葬，包括秦墓 10 座、漢墓 31 座，其中第 36 號秦墓出

土木牘 2 枚，編號分別是 M36：43（圖 3-2-7）與 M36：44。〔註 34〕木牘兩
面墨書，一件長 23 釐米，寬 5.8 釐米，厚 0.55 釐米；一件長 19 釐米，寬 5
釐米，厚 0.55 釐米。木牘內容爲日書，日書自《雲夢睡虎地秦簡・日書》
問世以來，屢見出土，是研究秦漢社會擇吉習俗的重要文獻資料。有土良日、
木良日、火良日、水良日、金良日、人良日、牛良日、馬良日、犬良日、祠
門良日、衣良日、衣忌、五服忌等。從內容看，其所涉篇目主要是「良日」
一類，與日常生活較爲密切，似有一定針對性；而且有部分內容爲同類材料
所不見，值得重視。該墓葬年代應在秦統一之前，墓主爲中下層官吏，與睡
虎地 M11 墓主身份接近。

圖 3-2-7　江陵岳山秦牘

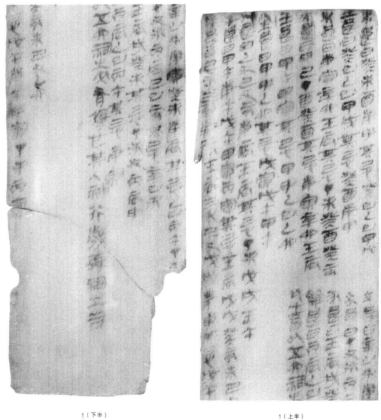

1〔下半〕　　　　　　　　1〔上半〕

〔註 34〕 李羨林、胡平生、李天虹等：《長江流域出土簡牘與研究》，（武昌：湖北教育
　　　　 出版社，2004 年），頁 294。湖北省江陵縣文物局、荊州地區博物館：〈江陵
　　　　 岳山秦漢墓〉，《考古學報》，2000 年第 4 期，頁 5。

2000 年第 4 期《考古學報》發表了由工陵縣文物局和荊州地區博物館合寫的〈江陵岳山秦漢墓〉一文，介紹了該墓出土的木牘情況。

五、雲夢龍崗秦簡

西元 1989 年 10 月至 12 月，湖北省文物考古研究所等單位在湖北省雲夢縣城東龍崗地區發掘了 9 座秦漢墓葬，其中 6 號墓出土了木牘 1 枚（圖 3-2-8）、竹簡 303 枚（含 10 枚殘片，圖 3-2-9）。經考證，6 號墓葬的時代約當秦朝末年。〔註 35〕竹簡保存情況不好，殘端嚴重，完整者長 28 釐米、寬 0.5～0.7 釐米、厚約 0.1 釐米，簡長約為秦制一尺二寸。竹簡有上、中、下三道編繩，上編繩約在距簡頭 1 釐米處，下編繩約在距簡尾 1 釐米處，編繩疑為絲質，簡側有契口以固定編繩，根據中編繩處上下兩字之間多留有較大的空隙來判斷，這批竹簡可能是先編聯成冊而後書寫的。簡文用毛筆書寫於篾黃面，以黑墨書寫秦隸，字形齊整，書風也較為統一，應當出自一人之手。簡上半部分字跡大多比較清晰，下半部分文字漫漶不清。

圖 3-2-8　雲夢龍崗秦墓木牘

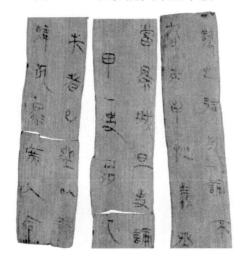

〔註 35〕　梁柱：〈雲夢龍崗發現秦代墓葬和秦法文書〉，《江漢考古》，1990 年第 1 期，頁 101。湖北省文物考古研究所、孝感地區博物館、雲夢縣博物館編：〈雲夢龍崗秦漢墓地第一次發掘簡報〉，《江漢考古》，1990 年第 3 期，頁 16～27。劉信芳、梁柱：〈雲夢龍崗秦簡綜述〉，《江漢考古》，1990 年第 3 期，頁 78。湖北省文物考古研究所、孝感地區博物館、雲夢縣博物館：〈雲夢龍崗六號秦墓及出土簡牘〉，《考古學輯刊》，1994 年第 8 輯，頁 87～121。梁柱、劉信芳：《雲夢龍崗秦簡》，（北京：科學出版社，1998 年）。

圖 3-2-9 雲夢龍崗秦墓竹簡

根據 6 號墓簡牘上的「廿四年正月甲寅以來……」、「廿五年四月乙亥……」、「九月甲申」等紀年，可將時代確定爲秦漢之交，大概在秦二世二年九月或三年九月後。

雲夢《龍崗秦簡》內容主要是圍繞「禁苑」的秦代法律，在時代上晚於《睡虎地秦簡牘》。和《睡虎地秦簡牘》相似的是，《龍崗秦簡》也大多爲法律內容，分〈禁苑〉、〈馳道〉、〈馬牛羊羊課〉、〈田贏〉、〈其他〉等，其中主要內容是關於禁苑的管理、土地租賃抵押等方面的律令，其內容並未在《睡虎地秦簡牘》中出現過，這再次說明秦法律的複雜細瑣。墓主是木牘上出現的「辟死」，可能是一位與管理禁苑有關的小吏。「辟死」並非他的原名，而是得刑後的稱謂，他曾因獲罪被處刖刑。綜合研究得出：墓主「辟死」原是一位從事司法實務的小吏，後來被治罪判刑，成爲刑徒做城旦，之後可能又從事雲夢禁苑的管理工作，墓中與法律有關的竹簡正是他日常所用之物。

　　簡文在書寫風格上有三個較爲突出的特徵：其一是書寫的筆畫多從左向右下傾出，這與《睡虎地秦簡・編年記》中筆畫自左至右向上欹側，形成鮮明的對照。二是很大程度上擺脫了篆書的書寫結構與情致筆意，更多地表現出隸書風格，如橫書起筆重頓，收筆輕輕挑出，是蠶頭燕尾之初象，捺筆多飽滿遒勁，饒有波瀾意韻。三是字形較縱長，用筆簡率圓熟，筆法流暢自由，不少寫法頗具草意。

　　龍崗 M6 墓出土一枚木牘，保存完好，牘爲長方形，長 36.5 釐米、寬 3.2釐米、厚 0.5 釐米。正反兩面用毛筆墨書 38 字，正面兩行 35 字，背面 3 字。木牘的內容是一件與墓主有關的涉及法律內容的文書；竹簡的內容是圍繞禁苑事務的法律文書的摘抄或匯輯。木牘文字距寬疏，筆畫細瘦飄逸，書風清麗秀雅，與竹簡文字風格迥異，應不是同一人所書。

　　1990 年，湖北省文物考古所等單位於《江漢考古》第 3 期刊布了這批墓葬的發掘簡報，並介紹了這批簡牘的內容。繼而又在 1994 年出版的《考古學集刊》第 8 輯上發表了《龍崗秦簡》的全部資料，1993 年法律出版社出版的《簡帛研究》第 1 輯中刊登了梁柱、劉信芳合寫的〈雲夢龍崗秦代簡牘述略〉一文，詳細介紹了該墓出土簡牘的內容和價值。1998 年，科學出版社出版了由梁柱、劉信芳編著的《雲夢龍崗秦簡》一書，書中全部發表了該墓出土的簡牘照片及釋文，並對簡文進行了考釋。2001 年 8 月，中華書局又出版了由中國文物研究所和湖北省文物考古研究所共同編寫的再整理本《龍崗秦簡》一書，該書對上述梁、劉整理本中有些內容的理解和分類等提出了一些下同的看法，同時也解決了不少疑難字詞的釋讀問題。

六、江陵揚家山 M135 秦簡

　　西元 1990 年至 1991 年江陵縣荊州鎮揚家山 M135 秦墓發掘出竹簡 75 枚。〔註36〕雖部分有所殘斷，絕大多數玩保存完好。整簡長 22.9 釐米，寬 0.6 釐米，厚 0.1 釐米左右。出土時竹簡呈黃褐色。簡文爲墨書秦隸，字跡大部分清晰可辨。文字均書於篾黃一面。出土時編聯竹簡的細繩已經腐敗。文字一般書於竹簡的上端，下端空白無字。竹簡內容爲記載墓中隨葬物的遣策，記錄了隨葬品物名、數量等。一般一簡上記一至三物，該墓年代約在秦拔郢至秦

〔註36〕荊州地區博物館：〈江陵楊家山 135 號秦墓發掘簡報〉，《文物》1993 年第 8期，頁 1。

末之間。

　　1993 年《文物》雜誌第 8 期刊登的由荊州地區博物館撰寫的〈江陵揚家山 135 號秦墓發掘簡報〉和 1992 年第 3 期《江漢考古》刊登的由張緒球撰寫的〈宜黃公路仙江段考古工作取得重大收穫〉兩文詳細介紹了該墓出土的竹簡情況。

七、荊州沙市周家臺 M30 秦簡牘

　　西元 1992 年 11 月到 1993 年 6 月，湖北省文物工作者在荊州市沙市區關沮鄉發掘了蕭家牧場 26 號漢墓和周家臺 30 號秦墓。其中周家臺 30 號秦墓出土竹簡 381 枚（圖 3-2-10）、木牘 1 枚。整理者將之分成三組。第一、第二兩組皆長簡，規格基本相間，簡長 29.3 釐米至 29.6 釐米，寬 0.5 釐米至 0.7 釐米，厚 0.08 釐米至 0.09 釐米。第三組為短簡，規格差異較大，簡長 21.7 釐米至 23 釐米，寬 0.4 釐米至 1 釐米，厚 0.06 釐米至 0.15 釐米。簡文皆墨書隸體，均書於篾黃面，只有一枚簡例外，於篾青處有標題。除白簡外，每簡最少一字，最多 43 字，總計 5300 餘字。第一組有竹簡 130 枚和木牘 1 枚，竹簡內容有秦始皇三十四年的全年日干支和秦始皇三十六年、三十七年月朔日干支月大小等。木牘正背兩面墨書，頂頭分欄橫排書寫，共 149 字。木牘內容正面書二世元年十二個月的月朔日干支及月大小，背面書該年十二月份的日干支等，整理組擬定篇題為〈歷譜〉，該牘被稱為「二世元年木牘」。第二組有竹簡 178 枚，其內容有「二十八宿」占、「五時段」占，「戒磨日」占及「五行」占等，整理組擬定篇題為〈日書〉。第三組有竹簡 73 枚，其內容有醫藥病方，祝由術、擇吉避凶占卜、農事等，整理組擬定篇題為〈病方及其它〉。

　　該墓還出土書寫文具一套，有竹筆杆的毛筆、竹筆套、竹墨盒、墨塊和鐵削刀，但均已殘損。該墓下葬年代應略晚於睡虎地 11 號秦墓，墓主生前官職應低於睡虎地 M11 墓主，應當是略低於縣令的低級官吏，可能是佐史或負責賦稅收繳工作的南郡官署屬吏。

　　1999 年《文物》雜誌第 6 期刊登由湖北省荊州市周梁王橋遺址博物館撰寫的〈關沮秦漢墓清理簡報〉，報導了周家臺 30 號秦墓的墓葬和竹簡出土的情況，同期《文物》還刊登了由彭錦華撰寫的〈周家臺 30 號秦墓竹簡「秦始皇三十四年曆譜」釋文與考釋〉。2001 年，中華書局出版了由荊州市周梁王橋

遺址博物館編寫的《關沮秦漢墓簡牘》一書，書中全部刊載了周家臺 30 號秦
墓出土竹簡、木牘的圖版、釋文和考釋。

圖 3-2-10　荊州沙市周家臺秦簡

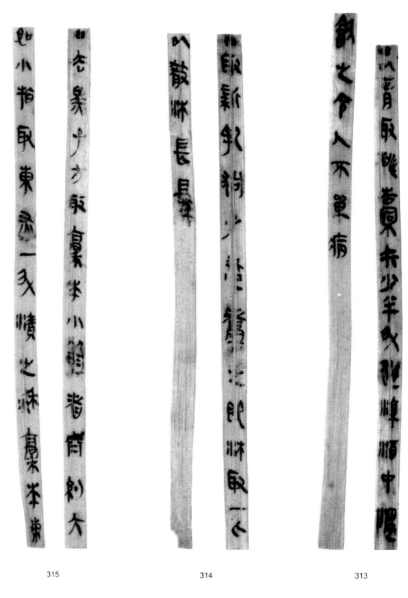

315　　　　　　　　314　　　　　　　313

病方及其他

日書

八、江陵王家臺 M15 秦簡

西元 1993 年 3 月，湖北文物考古工作者在江陵縣荊州鎮郢北村王家臺
發掘了 16 座秦漢墓，其中第 15 號秦墓出土竹簡 813 枚。竹簡寬約 0.7～1.1
釐米，整簡的長度分為兩種規格，一種長 45 釐米，另一種長 23 釐米。竹簡
出土時呈黃褐色，簡文墨書秦隸，均書寫於篾黃一面，字體大部分清晰可辨。
（圖 3-2-11）

圖 3-2-11　江陵王家臺秦簡

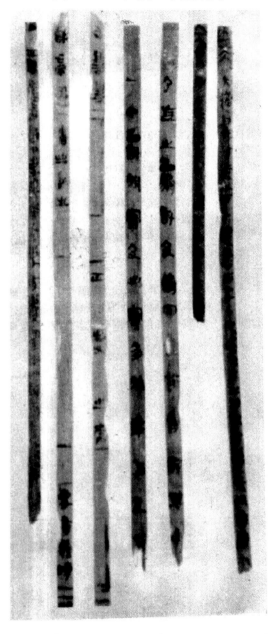

（右起1、2、3簡爲日書，4、5簡爲效律，6、7簡爲易占）

　　這批竹簡的內容十分豐富，有〈歸藏〉、〈效律〉、〈日書〉、〈政事之常〉等，其中有些內容是首次發現。其中〈效律〉簡共96支，律文從頭到尾連續書寫，不另起行，每條之間只有用 ✦ 符號表示刪附，《江陵王家臺 M15 秦簡‧

效律》爲秦〈效律〉律文摘抄;〈歸藏〉約有 394 枚簡,〈政事之常〉共 65 枚
簡,主要爲四言句,與睡虎地〈爲吏之道〉內容可相互參校。〈政事之常〉簡
冊布局奇特;它是一張方形圖表,對角線相交處中央爲一方形空白,書寫「員
(圓)以生枋(方),正(政)事之常」八字,相同文字豎行正倒各一遍。中
央方形之外,另套三圈,由對角線分隔,由內而外分爲十二塊,每塊中有三
組文字,都朝向中央書寫。這樣的排列和長沙《子彈庫楚帛書》中的圖畫相
類似,該種圖形還見於阜陽雙古堆漢墓出土的式盤和《馬王堆帛書・禹藏圖》。
《王家臺 M15・政事之常》簡冊奇特形式或許是用於占卜,對研究秦代的法
律、術數、易學有著十分重要的價值。〔註37〕此外,王家臺墓還出土了竹牘 1
枚,但是殘損嚴重,字跡模糊,內容不詳,殘長 21 釐米、寬 4 釐米。

　　竹簡內容目前尚未公布。1995 年《文物》雜誌第 1 期刊登了由荊州地區
博物館撰寫的〈江陵王家臺 15 號秦墓〉一文,簡要報導了該墓出土的文物及
簡牘情況,並發表了少量竹簡內容和照片。

九、龍山里耶秦簡牘

　　2002 年 6 月,湖南省文物考古研究所等單位在湘西土家族苗族自治川
龍山縣里耶鎮的戰國古城遺址一號井,出土了一批秦簡牘,約有 36000 餘
枚。發掘者以爲這些簡牘是秦末戰亂時,被置於井中的。從已公布的 30 多
枚約 6000 字的版牘來看,爲墨書秦隸。

　　出土的簡牘絕大多數爲木質,也有少數竹質的。簡牘形狀多樣,長寬規
格各異,簡牘上字體有古篆書、古隸書等,墨跡清晰。長多爲 23 釐米,寬度
多種多樣,自 1.4 釐米至 5 釐米不等,也有寬度超過 10 釐米或長 46 釐米以上
的簡牘。木牘寬度依所寫內容多少而定,一般來說一牘一事,有編繩者均爲
書後再編聯。

　　《龍山里耶秦簡牘》屬於秦時縣一級政府的文書檔案,內容包括政令、
各級政府之間的往來公文、司法文書、吏員簿、物資(含罰沒財產)登記和
轉運、里程書。涉及秦的內史、南郡、巴郡、洞庭郡、蒼梧郡等。其中洞庭
郡等資料從未見諸文獻記載,可補史籍之缺。涵蓋當時的政治、軍事、賦稅、
徭役、地理、文化、法律、財政、農業、交通、曆法等等各個方面涉及廣泛,

〔註37〕季羨林、胡平生、李天虹等:《長江流域出土簡牘與研究》,(武昌:湖北教育
　　　　出版社,2004 年),頁 283。

其中還有一些完整的公文，年、月、日、地名、職官、事件及辦理時刻等皆有完備的記錄。該批簡牘十分珍貴，它為研究秦時的地理、曆法，以及探討其興起強大而統一全國的緣由，提供了第一手資料，使學者在秦代政治、經濟制度的認識，很有幫助。

大部分簡牘記載的是秦王嬴政統一中國稱始皇帝的秦代，其紀年從 25 年至 37 年，一年不少，詳細到日。最吸引人的是編號 J1（16）1（圖 3-2-12），它是一枚長 22 厘米，寬 4.5 厘米的木牘，其右上角有些殘缺，兩面都寫有秦國隸書，上面記錄的是：「七九六十三、六九五十四、五九四十五」。其中二十、三十、四十用的都是廿、卅等合文。毫無疑問，這是一個古代的乘法口訣表。《管子》、《荀子》、《戰國策》等先秦典籍中都提到了「九九」，也就是乘法表，兩漢文獻中的記載就更多了。看來，乘法表的運用在春秋戰國時已很普遍，但秦代以前的實物尚未發現過。

圖 3-2-12　龍山里耶秦簡牘 J1（16）1

全貌　　　　　　　　下半　　　　　　　　上半

還有幾枚簡牘上寫著「以洞庭司馬印行事」、「洞庭郡」、「遷陵以郵行洞

庭」、「快行」等字樣。由此看來，洞庭當時是一個郡。這在《史記》、《漢書》中沒有記載，從某種意義上說，它改寫了秦史。

　　J1 九層一些木牘格式類似，是《里耶秦牘》一種代表性的文書形式。該木牘正面書寫較工整，背面則有些潦草。J1（9）1～J1（9）12 號牘（圖 3-2-13）都有類似的書寫特徵，即木牘正面工謹，背面往往信筆草草。一部分里耶單簡上的文字並非同時抄寫。一些里耶木牘雖為文檔性質，其謄寫很可能是即時性的，亦即正式文書處理後或送走前即時抄錄成副本木牘上。J1 九層 1 至12 號牘就屬於這種情況，該組版牘內容處理時間跨度有兩三年，即秦始皇三十三年到三十五年間。其間有兩次索債內容的追問、回覆等，每個債務人的相關內容做成一枚牘，關於此人或此事的問題，分一次或幾次記於一牘上，作為存檔。從字跡風格看，也顯出簡牘非出於一人之手，而是由一至三人書寫，如 J1（9）4、J1（9）8 等牘，許多牘正面，有的還包涵背面，工整的字跡由一人或二人書寫，背面草率的字跡則由另一人書寫。

圖 3-2-13　龍山里耶秦簡牘 J1（9）8

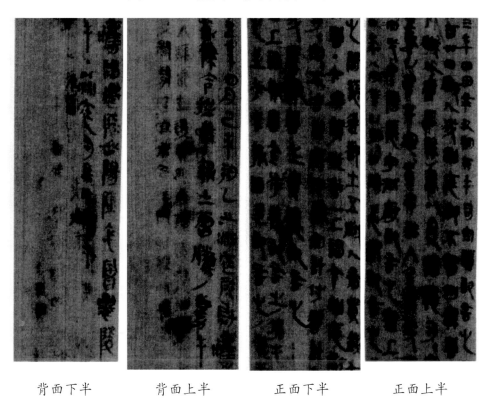

| 背面下半 | 背面上半 | 正面下半 | 正面上半 |

值得一提的是，在數以萬計的簡牘中，有一枚殘簡具有明顯的戰國楚國文字特點，里耶出土簡牘多爲秦始皇二十五年到二世二年遺物，此時去楚未遠，應當還有人能夠書寫楚文字。〔註38〕

該批簡牘出土後，首次報導見於 2003 年《文物》雜誌第 1 期，該期刊登了由湖南省文物考古研究所等單位撰寫的〈湖南龍山里耶戰國——秦代古城 1 號井發掘簡報〉，詳細介紹了該井和簡牘的出土情況。

2012 年 1 月時，《里耶秦簡》第一卷終於出版，公布古井地層第五、六、八層出土簡牘共 2552 枚；其餘第九至十七層及城壕出土簡牘共三萬八千餘枚，將在第二、三、四、五卷全數公布。而 2012 年 1 月由陳偉主編，何有祖、魯家亮、凡國棟撰著的《里耶秦簡牘校釋》第一卷與《里耶秦簡》同步出版，該書做了大量綴合、標點、注釋等基礎工作，爲深入研究里耶秦簡提供優越的條件。

十、嶽麓書院秦簡

2007 年 11 月底，湖南大學嶽麓書院從香港文物商手中購得一批珍貴的秦簡。這批秦簡共有編號 2098 個，其中簡形、字跡較完整的有 1300 餘枚。此外，2008 年 8 月香港一位匿名的收藏家，捐贈秦簡 76 枚，其中較完整的有 30 餘枚。一般而言《嶽麓秦簡》就是指這兩部分，共計竹木簡 2174 枚。（圖 3-2-14）

《嶽麓秦簡》大部是竹簡，及少量 30 枚的木簡。比較完整的簡，長度大致有三種：一種 30 釐米左右，一種 27 釐米左右，還有一種是 25 釐米左右。簡寬 5 至 8 毫米。編繩分兩種：一種三道、一種兩道。簡上多有編繩的殘痕，由殘痕推斷其編聯方式有兩種情況： 種先寫後編、一種先編後寫。

竹簡文字都抄寫在竹黃一面，但在幾枚簡的背面，發現有「□七年質日」、「卅四年質日」、「卅五年私質日」、「爲吏治官及黔首」、「□覆劾狀」、「數」、「律」、「令癸・丁」等文字，顯然具有篇名的性質。

經初步整理，大致可分爲〈質日〉、〈爲吏治官及黔首〉、〈占夢書〉、〈數〉書、〈奏讞書〉、〈秦律雜抄〉、〈秦令雜抄〉等七大類。內容涵蓋算術、曆譜、

〔註38〕何琳儀云：「不能把秦代小篆開始使用的時間限定爲西元前 221 年。因爲，前此不久秦國已出現了像新郪虎符那樣標準的小篆。而此幾十年的秦漢竹簡帛書文字中，也時常可以找到六國古文的影子。」見何琳儀：《戰國文字通論》（訂補），（南京：江蘇教育出版社，2003 年 1 月），頁 1。

律令、日書、夢書、爲史箴言等，其中豐富性可與《里耶秦簡》媲美。根據保存完好的竹簡中有「二十五年，六月朔，六月，丙辰」等文字，加之簡的質地和書寫風格，判定此批簡爲秦簡。

圖 3-2-14　嶽麓書院秦簡·占夢書

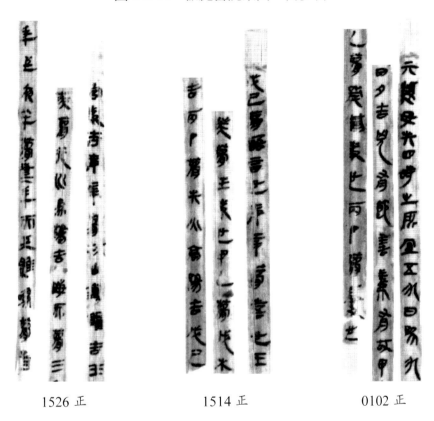

1526 正　　　　　　　　1514 正　　　　　　　　0102 正

第三節　秦系書風分析

　　秦簡在它生成的年代裡，與小篆並行不悖，從實用價值上互爲補充，同時在書法藝術價值上也豐富了秦代的書風，不僅做到了「隸書者，篆之捷也」，同時也爲漢隸的產生鋪平了道路，奠定了基礎，成爲先秦書法史不可或缺的一部分。

一、楚系手書文字的運筆

　　秦系手書文字的起筆鋒毫運使，大致上有兩種方式：一種是全逆勢回鋒

起筆,即落筆後迅速翻轉鋒毫完成裹毫,隨即右向行進,鋒尖轉向左方,筆毫轉爲中鋒。也就是藏鋒起筆法。一是半逆勢回鋒起筆,即斜側向落筆,鋒尖指向右斜上方、從右上左下斜向自然落筆,類似側鋒行筆之起勢,落鋒做頓駐後右向拉出,橫畫向右下方向斜畫。(表 3-3-1)

第一種全逆式回鋒起筆後,又大多轉入正鋒運行筆,寫出的線條粗細均勻,而又持穩厚重,屬工穩謹飭型的書寫,《里耶秦牘》正面多做此法。而外一種半逆式回鋒的筆法,起筆後筆鋒多爲扁側欹斜,此後行筆或側鋒借勢拉出,或又轉歸中鋒推進。側鋒拉出的點畫不如正鋒那樣粗細均勻,常成頭粗尾細形或長三棱形筆觸,或呈右弧形線。其實,半逆式回鋒起筆是全逆式回鋒起筆的簡化書寫,出於快速書寫簡化形成的筆觸形態。

表 3-3-1　回鋒起筆字

全逆式回鋒起筆		半逆式回鋒起筆	
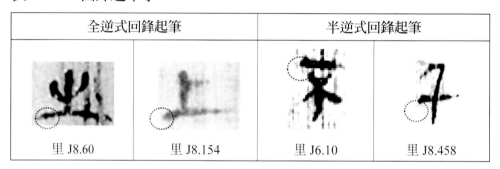			
里 J8.60	里 J8.154	里 J6.10	里 J8.458

秦系墨書文字在收筆處若省略回鋒動作,仍維持工穩書寫意識的話,則往往變爲「戛然而止」的收筆狀態,即線條的結束點不坐回鋒或裹鋒,也不掃出尖鋒,而是形成略顯截斷狀的筆觸,好似中鋒行筆突然中斷一般,這是工穩類書寫略微加快行筆形成的點線特點。

收筆出鋒動作多處於短促筆畫中,其中短撇收筆尖鋒較多,尖利出鋒筆觸多指向左下方,部分長橫也有出鋒者。《里耶秦牘》雖含著這類出鋒筆畫,但其形大異於楚簡的尖利鋒角,秦簡牘即使出鋒也總顯得含蓄、節制,並顯鈍滯感,不像楚簡那樣如麥芒尖刺。在這種筆法之下,墨書點線中斷就不會突然出現劇烈變動,其大部分線型粗細相仿、勻整、含蓄、潤澤、醇厚。溫婉而持重是簡牘正體墨書的重要特色,它與楚系手寫體鋒利奪目、縱恣張揚的形態,構成鮮明反差。楚簡點線動勢強、字勢桀驁不馴;秦簡則平穩、質樸、敦厚。

秦簡墨書文字之所以平正、持穩、肅穆,首先是由於書寫時的調鋒、護

毫、持穩爲主的用鋒法而形成的書寫風格，其次秦簡牘文字講究均衡、對稱的字結構，體現爲平行線式構形。此外，外方內直含少量弧式線的單字點線組構──單字外緣輪廓爲扁方、正方、縱長方形，字內部點畫曲直互現，其中不論直勢或曲勢線均做平行列置，而不是像楚簡那樣隨意鋪排，從細部到整字，秦文廣泛的平行、均衡、對稱結構就形成靜態而非動態、勻齊而非凌亂的字結構。

　　《青川木牘》一些字收筆頗多出鋒，《里耶》、《睡虎地簡牘》中出鋒收筆也不鮮見，秦文書寫講究起筆藏鋒遠甚收筆藏鋒，這種「重左輕右」的習慣亦可看作漢隸蠶頭燕尾的一個淵源。當然這一淵源不止發於秦系文字，六國文字也多擁有類似的起訖書寫細節，體現在墨跡書寫中，如《侯馬盟書》、《溫縣盟書》和楚簡帛書等。蝌蚪古文雖迥異於秦系文字的書寫，但頓筆拉出的書寫習慣卻是共同的。

　　像「弗」、「流」、「癸」這些曾經以曲筆爲主的字或部首，在戰國晚期秦系書寫中也儘量出以短促、平直的點線，許多簡略微短小的直勢點。當然曲線仍然存在著，只是它們給人的感覺似乎是直勢畫而非曲勢畫。（表3-3-2）

表3-3-2　曲筆邁向直筆字例

睡·法10	里·J193	睡·日甲1B

　　秦簡牘中，捺筆尚不明顯，戰國末至秦代這類斜直或弧形筆劃扮演著越來越重要的角色，形態上它們時常做有意識的斜向拖長、誇張。在《里耶秦簡》中隨處可見，如「之」、「受」、「庭」、「發」、「陵」、「敢」等。（表3-3-3）

表3-3-3　斜直或弧形筆劃之例

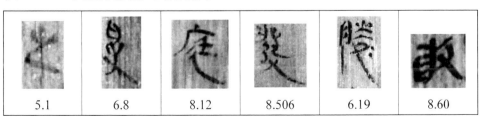

5.1	6.8	8.12	8.506	6.19	8.60

　　需要指出的是，雖同屬於包裹式構形、內斂的字勢（表 3-3-4），《里耶秦牘》較之《雲夢睡虎地秦簡》、《天水放馬灘秦簡》等要開張一些，表現在點線收縮得不是特別緊密；字形多呈縱長；長尾筆相比明顯較多。而《里耶秦牘》與《龍崗秦簡》風格相似。

表 3-3-4　包裹式構形字例

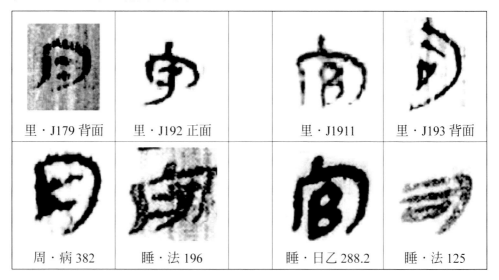

里・J179 背面	里・J192 正面	里・J1911	里・J193 背面
周・病 382	睡・法 196	睡・日乙 288.2	睡・法 125

　　另外，秦簡牘部分字勢呈右向傾斜，可能是同時間或同地域書風使然。右向傾斜字勢在簡牘中常見，如《里耶秦牘》、《龍崗秦簡》、《睡虎地 M11・〈日書甲種〉》、〈睡虎地 M4〉兩牘等，都是縱長字形右向傾斜。這種傾斜字形不僅出現在簡牘墨跡裡，也出現在一些秦國銘文中，〈大良造鞅鐓〉（圖 3-3-1）、〈十三年相邦儀戈〉（圖 3-3-2）、〈四年相邦樛斿戈〉（圖 3-3-3）、〈王五年上郡疾戈〉等（圖 3-3-4）草率刻款字勢也向右傾斜。簡牘文字右向傾斜，是當時人們書寫時運指為主、自然生理因素造成的「左高右低」字態，〔註 39〕叢文俊也認為這種字勢與左手執冊、右手執筆書寫的姿勢有關，並指出其意義在於，能對平穩的篆體線條造成破壞，促進隸變進程。〔註 40〕〈商鞅錞〉等題銘大約是左手持器、右手捉刀刻制，與簡牘書寫姿勢類似。

〔註 39〕沃興華：〈早期草體書法史略〉，《中國書法全集》，（北京：榮齋出版社，1997年），頁 37。

〔註 40〕叢文俊：《中國書法史・先秦秦代卷》，（南京：江蘇教育出版社，2002 年），頁 350。

圖 3-3-1　大良造鞅鐓　　圖 3-3-2　十三年相邦儀戈（摹本）

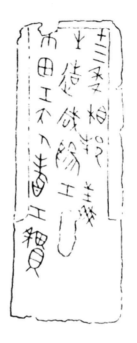

圖 3-3-3　四年相邦樛斿戈　　圖 3-3-4　王五年上郡疾戈（摹本）

　　〈秦律十八種〉起筆處不誇張，起筆後行筆緩慢、持穩，收筆處也好不拘謹，以回鋒或戛止法出鋒，不隨意出示鋒芒，盡力保持筆道的厚潤感溫和的，不太圓頭」起筆應該是秦系手寫正體的細節特色之一，它是先大篆筆誇張筆法的餘續，同時更有傳統手書體釘形筆劃的傳承，它因裹毫動作略加重而成「圓頭」，起筆與楚人釘形筆劃中的棱角形起筆有較大不同，更接近晉國盟書的某些細節。

　　秦簡牘起筆的橫畫多為短橫，有些呈波勢，如「上」、「土」、「不」、「年」等（表 3-3-5），這些波形橫畫顯現了隸變突進的渴望，它們與後來標準漢隸的那種一波三折的主橫畫筆法遙遙相望。這些文字可稱為古隸或秦隸，衛恆〈四體書勢〉謂：「隸者篆之捷」，〔註41〕唐蘭《中國文字學》也說：「隸書在早期裡，只是簡捷的篆書。」〔註42〕而當時的書寫者並不是有意去追求書寫的藝術性，但正是這種不經意的方式暗合了中國書法審美觀念的另一個方面。

表 3-3-5　短橫呈波勢之例

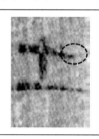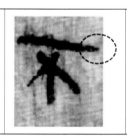

　　青川《郝家坪木牘》、天水《放馬灘秦簡》、雲夢《睡虎地秦簡牘》代表了秦代以及更早的時期真率自然的風格，它上承《侯馬盟書》、楚簡帛書之先聲，更加明顯地體現了由篆入隸的發展軌跡。

　　從考古發現的秦系文字來看，戰國晚期是隸書形成的時期，秦國文字雖然比起戰國其他國家的文字顯得保守內斂一些，但秦人在日常使用文字時為書寫的方便也有許多簡率的寫法，也在不斷地破壞、改造正體的字形，這種秦國文字的俗體，就是隸書形成的基礎，從雲夢睡虎地 11 號秦墓住家的資料看，在抄寫這批竹簡的時代，隸書就已經基本形成了。寫於秦統一前夕的睡虎地 4 號墓出土的木牘就更接近後來的隸書。而在秦國文字的俗體演變為隸

〔註41〕 衛恆：〈四體書勢〉，見（唐）房玄齡、褚遂良等奉敕撰：《晉書》，（臺北：藝文印書館，1962 年），頁 747
〔註42〕 唐蘭：《中國文字學》，（上海：上海古籍出版社，2005 年 9 月），頁 134。

書的過程中，出現了一些跟後來的草書相似或相同的寫法，著重用快速的草率的筆法寫成的書體，演變成了成熟的隸書中的一種正體，這就是草書形成的基礎。

二、秦系手書文字的用筆

秦系手書文字，既有工整平穩的墨跡，也有急就率而爲之的書寫。部分出土文獻，書寫時間上具有極好的連續性，如《里耶秦簡牘》J1，不僅數量巨大，時間跨越秦代十四、五年，彌補了以往簡牘材料年代散斷之不足，爲研究戰國至秦代的書史提供了第一手寶貴資料。同時部分簡牘有確切的署名，可以代表秦代政府通行文字文書面貌，含有一定的「官書」性質，更能反映當時日常手寫體的風格。此外，木牘背面有不少草體墨跡，可補秦墨書草體之闕如，這些草體對研究文字與書體漸變、隸變細節、草書淵源等極有幫助。

以下就以表格方式，對橫、豎、撇、捺、點、折等六種常見的古隸筆畫，進行對比的分析。

（一）橫　畫

秦系文字的橫畫，主要來自甲、金文的橫畫。甲、金文的橫畫，一般來說較爲平直。但發展至東周時期，書手在寫橫畫時，固然有平直的，但也發展出向右上傾斜與向右下傾斜兩種筆勢。由於古隸是縱向取勢，所以橫畫與漢隸比較起來，相對較短。如「一」、「三」、「上」、「下」等字。（表 3-3-6）

表 3-3-6　橫畫字例表一

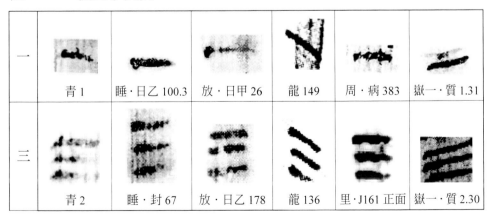

| 一 | 青 1 | 睡·日乙 100.3 | 放·日甲 26 | 龍 149 | 周·病 383 | 嶽一·質 1.31 |
| 三 | 青 2 | 睡·封 67 | 放·日乙 178 | 龍 136 | 里·J161 正面 | 嶽一·質 2.30 |

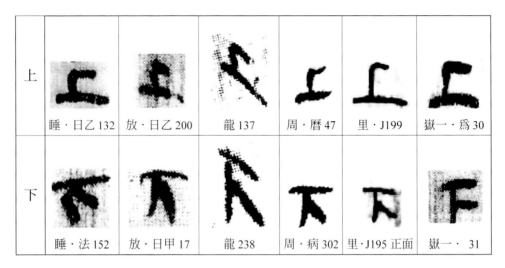

| 上 | 睡・日乙 132 | 放・日乙 200 | 龍 137 | 周・曆 47 | 里・J199 | 嶽一・爲 30 |
| 下 | 睡・法 152 | 放・日甲 17 | 龍 238 | 周・病 302 | 里・J195 正面 | 嶽一・ 31 |

文字中間的一些斜短畫，常常因爲書寫的方便性，這些斜短畫在古隸中漸有平直化的趨勢。如「言」字，或上下兩筆平直而中筆爲兩短筆，或三橫或皆爲平直的橫筆。這兩種寫法在戰國到秦都有出現，正說明古隸處於隸書發展的初期階段。此外，「百」、「舍」、「天」、「年」等字，也是對稱的左右兩筆，在書寫快速的要求下，省爲一筆，屬於類似的情況。（表 3-3-7）

表 3-3-7　橫畫字例表二

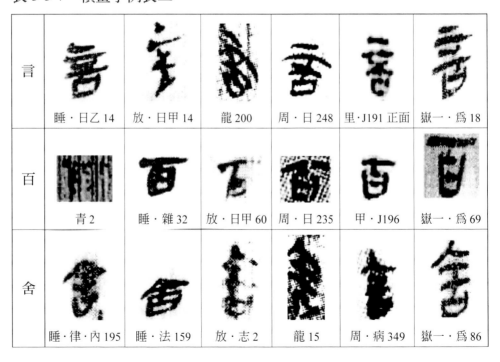

言	睡・日乙 14	放・日甲 14	龍 200	周・日 248	里・J191 正面	嶽一・爲 18
百	青 2	睡・雜 32	放・日甲 60	周・日 235	甲・J196	嶽一・爲 69
舍	睡・律・內 195	睡・法 159	放・志 2	龍 15	周・病 349	嶽一・爲 86

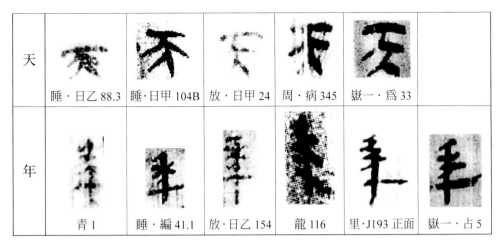

| 天 | 睡·日乙88.3 | 睡·日甲104B | 放·日甲24 | 周·病345 | 嶽一·為33 | |
| 年 | 青1 | 睡·編41.1 | 放·日乙154 | 龍116 | 里·J193 正面 | 嶽一·占5 |

（二）豎　畫

在秦系文字中，豎畫也是承繼甲、金文而來。豎畫一開始還不是那麼長，但發展到後期，有漸長的趨勢。而且筆畫拉長後，或加重筆畫，或以側鋒出鋒，或先直再彎。也不限筆直的豎畫，也有斜的，更有略彎的。但以筆直、中鋒為常態。（表3-3-8）

表3-3-8　豎畫字例表

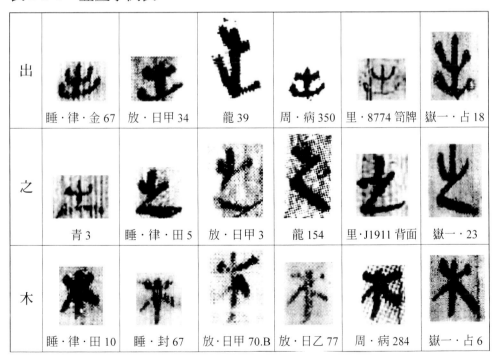

出	睡·律·金67	放·日甲34	龍39	周·病350	里·8774 筍牌	嶽一·占18
之	青3	睡·律·田5	放·日甲3	龍154	里·J1911 背面	嶽一·23
木	睡·律·田10	睡·封67	放·日甲70.B	放·日乙77	周·病284	嶽一·占6

牛						
	睡・日乙70	放・日乙101	龍111	周・病328	嶽一・爲68	嶽一・爲21
羊	睡・法46	放・日乙254	岳山・M36:43正2	龍100	周・病324	嶽一・爲68
十	青1	睡・律・廄20	放・日乙178	龍193	周・病382	里・J161
來	睡・雜35	放・日乙336	岳山・M36:44	龍30	里・J1166背面	嶽一・占22

（三）撇　畫

　　撇畫的由來較爲多元，從後來的隸書筆畫來看，有短撇、長撇等不同形態。撇畫由本身的構件變化而來，或先以直畫行筆，再向左下拉出，如「失」、「戶」等字；或直接向左下延伸，如「勿」、「及」、「身」、「少」等字。（表3-3-9）

表3-3-9　撇畫字例表

失						
	睡・語3	放・日甲46	龍294	周・日245	嶽一・爲68	里J8.785

戶	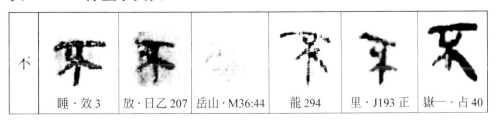					
	睡·效169	睡·日乙196.1	放·日乙274	周·病354	里·J18155	嶽一·為71
勿						
	睡·效1	睡·日甲142.B	龍78	周·病317	里·J199正面	嶽一·為1
及						
	青3	睡·語4	放·日甲21	岳山·M36:44	里·J1166正面	嶽一·為87正
身						
	睡·法69	睡·日甲120.B	放·日乙279	龍43	嶽一·為6	J8.1786
少						
	睡·日乙165	放·志4	龍142	周·日221	里·J18156	嶽一·為69

（四）捺　畫

捺畫由往右下的斜畫，它來自篆書中向右下或向下筆畫形成。「不」的撇
與捺，都是下垂的彎曲線平直化的結果。「人」字也是類似的寫法。「命」則
是從右下的斜畫延續而來。「衣」、「走」末筆是從原本的豎橫畫，平直化為直
線的捺畫。（表3-3-10）

表3-3-10　捺畫字例表

不						
	睡·效3	放·日乙207	岳山·M36:44	龍294	里·J193正	嶽一·占40

人	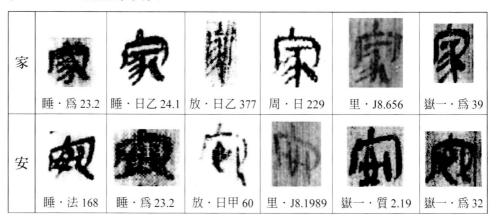					
	睡·語6	放·日甲20	龍213	周·日231	里·J11210正面	嶽一·為85
命						
	青1	睡·雜4	放·志3	周·日251	周·病365	里·J8.1235
衣						
	睡·律·金95	睡·日甲120.B	放·日甲70	周·日297	里·J8.628	嶽一·占27
走						
	睡·日甲13.B	放·志5	里·J8.100.1	里·J8.133	嶽·質2.53	嶽一·質2.34

（五）點　畫

　　筆畫的接點，變為點畫，在隸變的過程中表現得特別明顯，而在這之中，「宀」上的點畫的形成，最為明顯。然而在形成的過程中，亦有不突出點畫，而形成「冖」的情況，如「夏」（嶽一·占3）。這是會造成偏旁的混用，在識別文字時是必需區分的。（表3-3-11）

表3-3-11　點畫字例表一

家						
	睡·為23.2	睡·日乙24.1	放·日乙377	周·日229	里·J8.656	嶽一·為39
安						
	睡·法168	睡·為23.2	放·日甲60	里·J8.1989	嶽一·質2.19	嶽一·為32

害	睡·語 4	放·日乙 109	龍 103	周·日 207	里·J11210 正面	嶽一·為 86
宮	睡·法 187	睡·日甲 138.B	放·日甲 15	里·J8.461	嶽一·為 22	嶽一·占 11

　　「戊」、「咸」、「歲」等字的部件「戈」，其右上角的點，從商周文字的短筆，演變到秦系文字成為點畫。另外「為」、「馬」、「魚」等字，下半部的筆畫，都從短筆簡化為點。這也是因應快速書寫的要求，所作的改變。（表3-3-12）

表 3-3-12　點畫字例表二

戊	睡·日甲 80.Z.2	放·日乙 154	岳山·M36:43 正 1	周·病 383	里·J196 正面	嶽一·質 1.41
咸	睡·律·倉 28	睡·律·金 93	睡·法 58	周·病 337	嶽一·為 47	嶽一·質 3.15
歲	睡·日乙 61	睡·效 30	睡·法 27	睡·日甲 152.B	里·J8.16	里·J 8.75

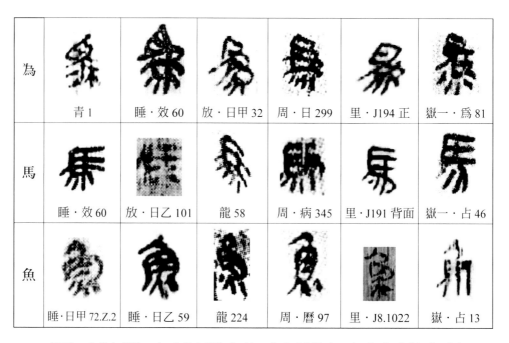

為	青1	睡・效60	放・日甲32	周・日299	里・J194 正	嶽一・為81
馬	睡・效60	放・日乙101	龍58	周・病345	里・J191 背面	嶽一・占46
魚	睡・日甲72.Z.2	睡・日乙59	龍224	周・曆97	里・J8.1022	嶽・占13

　　「雨」字的四點，本爲象雨點之形，寫作斜長畫。但在書寫快速要求下，已漸隸變爲兩組平行的兩點。「水」的四點，本是四筆彎曲的線條，象水流之形；但也在急就的要求下，隸變爲兩組對稱的點。「必」字是增加羨畫的結果。「介」字在古隸階段，仍承其形，後來就漸失其義。（表 3-3-13）

表 3-3-13　　點畫字例表三

雨	睡・律・徭115	睡・日乙56	放・日乙155	周・病333	里・J8.1786	嶽一・占40
水	睡・律・田4	睡・日甲17.B.3.	放・日甲19	周・病302	里・J19981	嶽一・為22
必	睡・效32	放・日甲18	岳山・M36:43 正2	周・日219	里・J1166	嶽一・為63

| 介 | 睡・法207 | 睡・法206 | 睡・法206 | 睡・法207 | 睡・法207 | 嶽一・質1.13 |

（六）折　畫

折畫指的是口形部件，在左下角的轉折，有方折與圓折之分。它在秦簡之中有較為充分的表現。秦簡中方筆的體現，主要是「化圓為方」。這種轉折在口形部件中，表現得特別明顯，有的折角之處趨近於直角。（表 3-3-14）

表 3-3-14　折畫字例表一

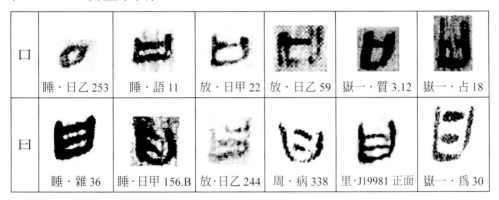

| 口 | 睡・日乙253 | 睡・語11 | 放・日甲22 | 放・日乙59 | 嶽一・質3.12 | 嶽一・占18 |
| 日 | 睡・雜36 | 睡・日甲156.B | 放・日乙244 | 周・病338 | 里・J19981 正面 | 嶽一・為30 |

圓折則表現在「乙」形部件中，如「先」、「見」二字的右下一筆，就可見其圓轉。（表 3-3-15）

表 3-3-15　折畫字例表二

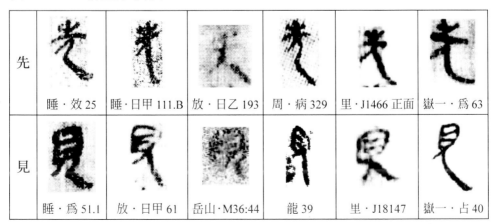

| 先 | 睡・效25 | 睡・日甲111.B | 放・日乙193 | 周・病329 | 里・J1466 正面 | 嶽一・為63 |
| 見 | 睡・為51.1 | 放・日甲61 | 岳山・M36:44 | 龍39 | 里・J18147 | 嶽一・占40 |

　　至此，可概括秦系手書文字的特徵為：1. 字形以正方、橫扁為主；2. 單字構形簡捷、約省；3. 均衡、勻整、平行、等距的字內點線分布；4. 點線很短促，較少拉出長筆；5. 調鋒裹毫起筆，隱鋒運行，或與頓挫式入筆相結合廣決速書寫時常以含蓄的釘形筆法為主；6. 點線較平直，很少顯露鋒芒，總是呈現著質樸、敦厚、含蓄的情調。

三、秦系簡牘的布局

　　除《青川木牘》等少數材料外，雲夢《睡虎地秦簡牘》、《龍崗秦簡》等大宗秦代墨跡幾乎都是單簡編連的單行書寫形式。這種一簡一行的書寫方式，無論是先寫後編抑或先編後寫，其難度並無差別。《里耶秦簡》書寫內容在五、六行以上者比比皆是。這些上百字的木牘為例，其章法之成熟，已初步形成了後世紙上書法章法經營的理念，行間極盡參差錯落之能事，單字務求修短舒張之變化。

　　先秦時期的手寫體墨跡尚不到書法自覺的意識階段，在這一時期，實用是統籌書寫的首要因素，而人們在書寫上要求工整、美觀同時又須迅捷、約省。事實上，簡牘或者縑帛的書寫佈局只是單片竹簡行款的照搬或者疊加，除了自己勻整、統一外，不會有更多藝術上的佈局構想。但即使這樣，部分墨跡在文字排布上仍然呈現出了寬疏從容與繁密緊迫的不同風貌，像《里耶秦簡》就足以代表。

四、秦系簡牘與漢代隸書的關係

　　西元 1975 年湖北雲夢睡虎地秦簡的發現，使得隸書由秦小篆演變而來的傳統說法不攻自破。許多學者都認識漢代隸書是直接由秦簡牘文字發展而來，秦簡牘文字或稱為「古隸」，或稱為「秦隸」，或稱之為「篆隸之間」的一種文字，通過字形的比較，秦簡牘文字與漢代隸書之間的直接繼承關係已經基本得到肯定。秦簡牘文字與秦小篆同出自西周籀文，小篆從來都不是漢字發展史上的一個重要環節。以下將從筆勢和字形結構兩方面來論述，使漢代隸書出自秦簡牘文字的論點得到充分證明，以廓清傳統的「漢隸出自秦小篆」錯誤觀點在學術界的影響。

（一）秦系手書筆勢的發展與漢隸的關係

　　在秦簡牘書中，由於處於隸變早期，筆法主要表現為對既有書寫狀態的

再簡化，還沒有完全從篆體中蛻化出來，不可能產生具有法度意義的變化。在此期間，筆法的「方向」性意味較濃，還談不上輕重提、疾徐藏出的審美追求，即使偶然有「蠶頭」、「雁尾」筆畫出現，也是無意中造成的。

1. 秦系簡牘是八分的前身

秦簡牘書是後世隸書的前身，漢隸又被稱作「八分」。何謂「八分」？眾說紛云，清人顧南原所著《隸辨》，盡列各家之言。書末附考證「八分」一文，詞雖盈卷，然不得其人要。曹魏聞人牟准〈衛敬侯碑陰文〉一文，或能幫助吾人理解「八分」的含義，其文曰：「魏大饗碑，群臣上尊號，奏及受禪石表文，並在許繁昌。尊號奏魏元常書；受禪表覬並金錯（一作針），八分書也。〔註43〕」據《三國志·魏志》載，衛覬字伯覦，諡敬侯；鍾繇字元常，諡成侯。二人均為當時著名書家。文又曰：「敬侯所葬之先域城惟解梁，地即鄒首，山對靈足，谷當猗口，勢高而趣幽，形坦而背草。鑿室而可蔽藏，不墳而所冀速朽。珍琦素白而靡尚，衣服隨時而則有，故史述德於隧前，門生紀言於碑後。〔註44〕」則聞人牟准為敬侯門人，與鍾、衛皆同時，其言二家所書碑為「八分」書，自屬可信。今按上尊號奏群臣中且列繇名，二刻字體，皆蕭括方嚴，骨氣洞達，波挑俯仰，如翬斯飛，出入分明，有「八角垂芒」之妙。因此，所謂「八分」者，應如胡小石所說：

> 八分之八，在此不可讀為八九之八，乃以八之相背，狀書之勢者。嘗考八分二字，在漢為成語。其見於許書，如小部「小」，物之微也，從「八」。｜見而八分之。如八部「分」，別也。從「八」從「刀」。刀以分別物也。又「介」，詞之必然也。從「入」、「｜」、「八」。八象气之分散。「公」，平分也。從「八」從「厶」，八猶背也。如半部「半」，物中分也。從「八」從「牛」。牛為物大，可以分也。如「兮」部，「兮」，放也。從大而八分也。即以「八」字之本訓言，亦云：八，別也，象分別相背之形。今人言八，猶以拇指與食指分張，示相背之意。故知「八分」者，非言數而言勢。此等書勢，已屢見於殷周間方筆之古文。蓋字形有以波挑翩翻為美者。此事在吾先民作書，實用之最早矣。〔註45〕

〔註43〕 （魏）牟准：〈衛敬侯碑陰文〉，見闕名編（宋）章樵注：《古文苑》卷17，《四庫叢刊·集部》景常熟瞿氏鐵琴銅劍樓藏宋刊本，頁73。

〔註44〕 （魏）牟准：〈衛敬侯碑陰文〉，頁72。

〔註45〕 胡小石：〈書藝略論〉，《現代書法論文選》，（上海：上海書畫出版社，1980

所以所謂「八分」，實就書寫時筆勢而言。而《宣和書譜》引蔡文姬有「八分篆，二分隸」之說，就顯得穿鑿附會了。

2. 開啟隸書的用筆

秦簡牘書是後世隸書的前身，八分的得名之由，就是來自於秦簡牘書中「八」字寫法的字勢。「八」字，在甲骨文和金文中均為兩兩對稱的相向短豎，或略向外彎曲，而秦簡牘書用毛筆書寫，在寫這樣的兩兩相對的小短豎時，先寫左面，藏鋒入筆，毛筆一接觸簡牘，馬上改變行筆方向，在加強力度的同時，向下方行筆，迅疾又輕提出鋒，表面上看是收了這一筆。但筆勢在空中運行，繞一個弧線，在左邊筆畫的對面位置又入簡牘，同樣，一接觸簡牘立即改變運筆方向，向右下方向行筆的同時稍微重按，然後迅速提筆，去完成回環的第二個弧線，而這個弧線在完成的過程中，將筆輕提，從筆畫右上方結束，從而形成了出鋒。兩次重按和輕提，兩次弧線用筆軌跡，使原來刻鑄文字的兩個相對的小短豎，形成了兩面相背的筆勢。這種字體的根本成因，就是墨書用筆時向外撥和先按後提的捺筆痕跡的突出。後來，隸書由此演化。墨書用筆的輕重痕跡是甲骨契刻文字、青銅澆鑄成字的效果無法相比的，而漢隸的八分書就是將八字的典型用筆加強化、突出化、固定化，使這種筆勢成為一種用筆特徵。保留和應用於書寫當中，從而漸漸產生了一種成熟的新字體，並因此而得名，那就是八分漢。

值得強調的是，秦簡牘書的這種回環用筆，不僅是這一種字體的特徵，而且作為早期墨書用筆的經驗，被後世書者總結繼承和發揚，出現了越來越豐富的用筆技巧，自然也產生了章草、今草、行書、楷書等諸多字體。然而正如趙孟頫所說，「用筆千古不易」，作為墨書用筆有規律可言的秦簡牘書，已開中國書法用筆先河，它不僅表現了隸書特徵，也是後世字體的用筆原理之根本。所以，胡小石說：「欲掌握中國書學之關鍵者，不可不先明八分。〔註46〕」

3. 撇與捺的出現

現在秦簡牘書中，雖然還沒有完全從篆體中蛻化出來，也沒有產生新的具有法度意義的變化，但是，秦簡牘書的筆勢中已經有了八分書的因素，它沒有著意追求用筆的輕重提按、緩急藏出，以及行筆中的一波三折。但率意

年），頁 34～35。

〔註46〕 胡小石：〈書藝略論〉，《現代書法論文選》，頁 33。

而爲之中「蠶頭」、「雁尾」、「波勢」的出現，的確成爲成熟的漢隸筆勢提供了必要的先決條件。隸變的完成，需要徹底蛻盡篆書體式，並消除秦簡牘書中由草率書寫時形成的種種無意的不定性因素，使扁平體式成爲規範而穩定、具有法度意義的成熟字形體式。在這個步驟中，秦簡牘書中的斜向筆畫，漸變爲弧曲拖曳的筆勢，並逐漸演化爲左右呼應的格局，從而產生了一種新的筆畫概念，這就是漢隸中的「撇」和「捺」。而秦簡牘書中的長出拖曳筆畫，由斜下縱向而出的筆勢，上斂爲橫向筆勢，從字形體態上徹底消除篆引縱長之勢，實現了漢隸的扁橫之勢，並在末尾處挑出，從而誕生了又一種新的筆畫概念，即長橫波挑。這就是漢隸中長橫波勢的由來。在秦簡牘書筆勢對漢隸筆勢產生影響的過程中，消除篆體、勢呈扁平的代表作品，是河北定縣八角廊漢墓出土的漢昭、宣王之際的簡策。《八角廊漢簡》隸書體勢扁寬，幾乎占滿整個簡的寬度。武威漢墓出土的漢簡《儀禮》九篇，其扁橫之勢與《八角廊漢簡》極爲一致。《八角廊漢簡》和《武威漢簡》代表了西漢中後期已經定型的隸書樣式，一種從體態上完全蛻盡篆意的文字樣式。

4. 褪盡篆意，扁平取勢

秦簡牘書在體勢上褪盡篆意，取勢扁平，只是隸變中的第一個步驟，仍然沒有徹底擺脫古樸的體貌，眞正實現「八分」字體的演變，還要經過進一步的修整提煉和美化加工。這一步驟的完成是在東漢時期，史載東漢章帝時書法家王次仲對隸書進行了藝術化加工。西晉衛恆〈四體書勢〉云：「上谷王次仲，始作楷法。」〔註47〕稱讚王次仲的隸書有法度，可以引爲典範，做爲楷模。唐張懷瓘〈書斷〉引王愔語云：「次仲始以古書方廣，少波勢。建初中，以隸草作楷法，字方八分，言有楷模。」〔註48〕所謂「字方八分」，意思是說王次仲對早期的隸書進行了美化加工，使之在蛻盡篆書體勢的基礎上，進一步形成規範化的撇捺挑法、一波三折和蠶頭雁尾等隸書筆法，使由秦簡牘書演變而來的漢隸在體勢上成爲一種完全成熟的新的字體，即八分書。

（二）秦簡牘書的字形結構對漢隸的影響

爲了進一步證明秦簡牘書是隸書的前身，以長沙《馬王堆漢墓帛書》爲

〔註17〕　衛恆：〈四體書勢〉，見（唐）房玄齡、諸遂良等奉敕：《晉書》，（臺北：藝文印書館，1962 年），頁 742。

〔註48〕　張懷瓘：〈書斷〉，見《歷代書法論文選》，（上海：上海書畫出版社，1979 年），頁 160。

參照進行分析。

長沙馬王堆漢墓所出帛書文字，抄寫時間不一，有的在秦末，有的在漢代初年，這一點從避諱情況可以看得很清楚：《老子》甲本不諱「邦」字，當書於秦末高祖即位前，《老子》乙本則避諱「邦」字，當書於高祖即位後，而〈五行占〉記有漢文帝初年之事，時間性更明確，因爲占卜書要結合當時實際情況，有一定的應用性，從字體來看，〈黃帝書〉、《老子》乙本《周易》經傳、〈五行占〉、〈相馬經〉、〈刑德〉乙等屬同一人所書，已有相當地成熟。李學勤認爲：「抄寫均應在文帝初年」〔註49〕

長沙馬王堆地區，原爲楚國故地，並且「《馬王堆帛書》中能推定作者地望的，大都是楚人的著作」〔註50〕但秦滅楚後在這裡推行秦文化，使得這些出於楚人之手的書抄字體，完全是秦簡牘書樣式，而且馬王堆墓葬的下葬時間距離秦滅楚國已半個多世紀，儘管葬制、葬品等還保存有楚國文化的因素，但文字上與我們上述介紹的戰國時期的楚系墨書文字已大相逕庭。這有兩個原因，其一，秦滅楚後秦文化的浸染和同化；其二，秦兼天下後在政治上明確強令推行「書同文」，所以《馬王堆帛書》中書於秦末的《老子》甲本是秦簡牘書中的常見面貌；筆畫平直，波磔不顯，楚文字中繁縟妖嬈的裝飾性用筆已經不見了，而隨著這種字體的書寫和使用時間的推進，逐漸演化爲一種較爲成熟的隸字體：著意強調八分的背勢，強調捺畫的重按上挑，使秦簡牘書中原有質樸的平直筆畫，也有了美化的趨勢，並逐漸固定化規律化，由此形成代表隸字體的典型用筆即蠶頭雁尾。這些風格在高祖以後才抄寫的《老子》乙本、《黃帝書》等字形中，已經十分明顯。下面把書寫於戰國中後期至秦代的秦簡牘書文字，與書寫於秦末至漢初的《馬王堆帛書》文字作對應比較：

五、秦系簡牘文字的特色

關於秦系簡牘文字的特色，由下列三個特點構成：

（一）線條平直化

秦篆的基本線條變爲篆隸的橫、豎、勾、撇、捺等筆畫，所有的變化皆

〔註49〕 李學勤：《失落的文明》，（上海：上海文藝出版社，1997年），頁211。
〔註50〕 李學勤：〈新出簡帛與楚文化〉，收錄在湖北省社會科學院歷史研究所編：《楚文化新探》，（武漢：湖北人民出版社，1981年），頁20。

呈現一種平直化，也就是由秦篆迂曲的線條變爲秦隸平直的筆畫。本來筆畫的平直化是漢字發展主要趨勢，從西周開始，金文詰曲圓轉的線條就逐漸在平直化，漸漸弱化文字的圖畫性，而逐漸強化其符號性。所以秦篆由迂曲的線條，變爲秦隸平直的筆畫，是一個漸進的過程。篆書變隸雖然也呈現「方折」這種現象，但「方折」，這種現象並非早期隸書的特點。篆書隸變只是篆書的草化與方折化，而全面「方折」是隸書成熟後的特徵。

（二）篆隸構形混用

秦系文字晚期變隸已開始，篆體起了變化而隸書尚未定型，處於過渡階段。秦隸剛從秦篆變化而來，部分字還仍保留著秦篆的寫法。例如《睡虎地秦簡牘》中「水」旁，大部分字都寫作三個平行的短橫，如「河」（睡·秦7），已經變成隸書的寫法，但「江」字卻作「江」（睡·語8）。另外秦隸中許多字已經不同程度地解散了秦篆的結構。如「出」字，秦篆作「出」（石鼓文·田車），從止，從凵，以止離穴表示外出，秦隸變作「出」（睡·日乙42），變成二山相疊，隸楷從之。

（三）新字形的產生

在此階段產生很多富有特色的新的字形、偏旁和部件，這些新的字形、偏旁和部件有的與字形的變化有關，有的可能與用字有關，但它們在字形方面，上有別於秦篆，下有別於今隸，例如「大」、「夫」、「天」三字，分別作「大」（睡·秦20）、「夫」（睡·日乙259）、「天」（睡·日甲79），可見夫、天從大。又如「辵」旁可分化爲「彳」、「止」等等。

總之，隸書是由篆書簡化、演變而來的。它源於戰國，孕育於秦代，成型於西漢，定型於西漢末隸書的發展可以分爲前後兩個階段：前一階段的不成熟隸書習稱秦隸，也叫古隸；後一階段的成熟隸書稱爲今隸，也叫漢隸、八分書。漢武帝中晚期是隸書發展前後兩個階段之間的過渡時期，到漢昭帝、漢宣帝之際，今隸已完全形成。由篆文變爲隸書，是文字最重要的一次變革。但是，在秦代篆書變爲秦隸的過程中，運用了很多方法：即通過解散篆體，改曲爲直，把古文字「隨體詰詘」的線條分解或改變成平直的筆畫；通過省併或把兩筆併爲一筆，或把兩個以上的偏旁或偏旁所包含的部分合併起來；通過省略，省去篆文字形的一部分，通過偏旁混同，把某些生僻或繁

複的偏旁改成形近的常見的筆畫少的偏旁等。因此，秦系文字所謂「秦有八體」，實際上只有篆體與隸體可視爲眞正實用的書體，其他多爲篆、隸二體的變化與運用，或是介於秦隸之間的一般日用俗書字體。秦篆結構端整、用筆圓轉、典雅美麗，但書寫時則顯得繁難不便，不利於平時使用，最後只得被刻畫或墨書文字所取代，到了漢代，古隸又被今隸所取代，當漢隸發展到極端講究波挑之美時，也再不佔有優勢，最後卻又被草書和楷書而代之。